外国货币上的“一带一路”

杜晓建　编著

上海人民出版社

目　录

前　言　/　008

非　洲

- 阿尔及利亚　/　012

◇ 500第纳尔上的东西高速公路　/　014
◇ 多种面额货币上的首颗通信卫星　/　018
◇ 多种面额货币上的嘉玛大清真寺　/　022

- 埃　及　/　028

◇ 新国家项目系列纪念币　/　030

- 佛得角　/　042

◇ 国家独立纪念币上的清洁能源项目　/　044
◇ 500埃斯库多上的泡衣崂水坝　/　046

- 刚果（金）　/　050

◇ 100法郎上的大因加水电站　/　052

- 吉布提　/　054

◇ 建国40周年纪念钞上的吉布提港口　/　056

● 几内亚 / 060

◇ 5000法郎上的金康水电站 / 062
◇ 20000法郎上的凯乐塔水利枢纽 / 066
◇ 10000法郎上的水稻田 / 070

● 加 纳 / 072

◇ 2塞地上的恩克鲁玛陵园 / 074
◇ 多种面额货币上的独立广场 / 078
◇ 1塞地上的阿科松博水电站 / 082
◇ 2塞地和100塞地上的议会大楼 / 085
◇ 20塞地上的高等法院办公楼 / 090

● 肯尼亚 / 092

◇ 50先令上的发电站 / 094

● 马达加斯加 / 098

◇ 1000阿里亚里上的4号国道 / 100
◇ 20000阿里亚里上的袁隆平杂交水稻 / 104

● 马拉维 / 108

◇ 100克瓦查上的布兰泰医学院 / 110
◇ 200克瓦查上的议会大楼 / 113
◇ 500克瓦查上的民生饮水工程 / 115
◇ 2000克瓦查上的科技大学 / 118

● 摩洛哥 / 120

◇ 国王穆罕默德登基20周年纪念钞上的穆罕默德六世大桥 / 122

● 苏　丹 / 126

◇ 100镑上的水电站群 / 128
◇ 500镑上的喀土穆炼油厂 / 130
◇ 20镑上的卫星通讯 / 132

● 乍　得 / 134

◇ 中华人民共和国成立70周年纪念币 / 136

亚　洲

● 阿　曼 / 140

◇ 20里亚尔上的苏哈尔港区 / 142
◇ 10里亚尔上的乌韦纳清真寺壁龛 / 144

● 巴基斯坦 / 146

◇ 巴基斯坦与中国友好交流年纪念币 / 148
◇ 巴基斯坦和中国建交70周年纪念币 / 150

● 哈萨克斯坦 / 152

◇ 20000坚戈上的总统府 / 154
◇ 哈萨克斯坦和中国建交30周年纪念币 / 160

● 吉尔吉斯斯坦 / 162

◇ 100索姆上的托克托古尔水电站 / 164

● 柬埔寨 / 166

◇ 柬埔寨和中国建交60周年纪念钞（币） / 168

- 卡塔尔 / 174
  - ◇ 多种面额货币上的卢赛尔体育场 / 176
- 科威特 / 180
  - ◇ 5第纳尔上的中央银行新总部大楼 / 182
- 老 挝 / 184
  - ◇ 20000基普上的休恩辛博恩水电站 / 186
  - ◇ 5000基普上的万荣水泥厂 / 188
- 马尔代夫 / 190
  - ◇ 20卢菲亚上的国际机场 / 192
  - ◇ 独立50周年纪念钞上的外交部大楼 / 196
- 马来西亚 / 198
  - ◇ 马来西亚和中国建交40周年纪念币 / 200
- 孟加拉国 / 202
  - ◇ 多种面额纪念钞上的帕德玛大桥 / 204
  - ◇ 国内首条轻轨开通纪念钞 / 208
- 缅 甸 / 210
  - ◇ 1000元上的议会建筑群 / 212
- 斯里兰卡 / 214
  - ◇ 中国共产党建党100周年纪念币 / 216
  - ◇ 20卢比上的科伦坡港区 / 220
  - ◇ 100卢比上的普特拉姆燃煤电站 / 224

- 塔吉克斯坦 / 228

◇ 上海合作组织成立20周年纪念币 / 230
◇ 罗贡水电站投产纪念币 / 234
◇ 多种面额货币上的国家图书馆 / 237
◇ 500索莫尼上的新总统府 / 240

- 土耳其 / 242

◇ 1915恰纳卡莱大桥通车纪念币 / 244

- 乌兹别克斯坦 / 246

◇ 100000苏姆上的希瓦古城 / 248

- 印度尼西亚 / 252

◇ 独立75周年纪念钞上的城市轨道交通 / 254

欧　洲

- 白俄罗斯 / 258

◇ 中白巨石工业园纪念币 / 260

- 波　兰 / 262

◇ 北京冬奥会波兰代表队纪念币 / 264

- 俄罗斯 / 268

◇ 俄罗斯和中国建交70周年纪念币 / 270

- 克罗地亚 / 272

◇ 佩列沙茨大桥通车纪念币 / 274

- 罗马尼亚 / 276
  - ◇ 罗马尼亚和中国建交70周年纪念币 / 278

大洋洲

- 萨摩亚 / 282
  - ◇ 第16届太平洋运动会纪念钞 / 284
- 汤 加 / 288
  - ◇ 50潘加上的王宫 / 290
- 瓦努阿图 / 292
  - ◇ 100瓦图上的议会大厦 / 294

拉丁美洲

- 圭亚那 / 298
  - ◇ 圭亚那和中国建交50周年纪念币 / 300
- 牙买加 / 302
  - ◇ 5000元上的南北高速公路 / 304

后 记 / 307

前　言

2013年，习近平主席在访问哈萨克斯坦和印度尼西亚时，先后创造性地提出共建“丝绸之路经济带”和“21世纪海上丝绸之路”重大倡议。十年春华秋实，截至2023年6月，中国已经同152个国家和32个国际组织签署200余份共建“一带一路”合作文件，一批标志性民生工程在共建国家落地生根，越来越多的国家也选择把这些成就体现在本国的流通货币上。

太空中的卫星，地面上的机场、跨海大桥、港区、高速公路网、轨道交通、水利枢纽群，以及大学、医院、银行、博物馆、图书馆、体育馆、办公楼……每种货币都是共建“一带一路”成果惠及当地人民、为当地经济社会发展作出实实在在贡献的异国见证，也是我国与共建国家互联互通、务实合作的有力注释。

当我把这些货币一枚枚整理出来时，真有点儿不敢相信自己的眼睛。不过短短十年，凿凿可据，竟然有这么多国家的银行家，不约而同地在本国货币上讲述本国在“一带一路”倡议下与中国不断加强文明交流互鉴的故事。

货币是一个国家最好的名片，这些货币见证了中国兼济天下的担当与胸怀，让我们看到“一带一路”倡议所带来的世界美美与共的认同与力量。

本书涉及的国家遍布五大洲，都是“一带一路”共建国家。国家概况简介以《辞海》（第七版）为据，人口数据参照世界银行的资料作了更新。本书收入的货币，发行时间以2013年至2023年为限，均为各国家银行发行的法定流通货币或法定纪念币。货币版本以历年《克劳斯世界纸币目录》（*Standard Catalog of World Paper Money*）和《克劳斯世界硬币目录》（*Standard Catalog of World Coins*）为据；近几年新发行的、尚未被收进目录的货币，以各国国家银行官网信息为据。有关中外合作项目的资料，参考了中国外交部、商务部，中国一带一路网，新华社，《人民日报》，以及对外合作项目实施企业的官网资料。另外，为了避免表述繁冗，文中省略了货币名称和单位中的国家名，在资料框中标注了英文货币全称和货币代码。

本书成稿后，又有多个与中国签署“一带一路”合作文件的国家发行了带有中国印记的新版货币。聚沙成塔，集腋成裘，“中国倡议的‘一带一路’不是口号和传说，而是成功的实践和精彩的现实”[1]。“美美与共”的朋友圈，未来将更加炫目。

杜晓建

[1] 《习近平和希腊总理米佐塔基斯共同参观中远海运比雷埃夫斯港项目》，新华社，2019年11月11日。

◎ 肯尼亚

◎ 马达加斯加

◎ 马拉维

◎ 摩洛哥

◎ 苏丹

◎ 乍得

非洲

AFRICA

◎阿尔及利亚

◎埃及

◎佛得角

◎刚果（金）

◎吉布提

◎几内亚

◎加纳

阿尔及利亚

全称“阿尔及利亚民主人民共和国”。北非国家，非洲面积最大的国家。北临地中海，陆疆接突尼斯、利比亚、尼日尔、马里、毛里塔尼亚、西撒哈拉和摩洛哥。面积238万平方千米。人口4490万（2022年），大部分为阿拉伯人，柏柏尔人约占20%。阿拉伯语为国语，通用法语。伊斯兰教为国教。首都阿尔及尔。北部为阿特拉斯山脉及其山间高原和盆地，沿海有局部平原。中部、南部属撒哈拉沙漠，有高大死火山和绿洲，最高点塔哈特山海拔2918米。境内由北到南从地中海式气候渐变为热带沙漠气候。

2018年中非合作论坛北京峰会期间，我国与包括阿尔及利亚在内的28个非洲国家签署共建“一带一路”谅解备忘录。

◇ 500第纳尔上的东西高速公路

（正面）

- 纸币
- 面额：500第纳尔（Algerian Dinar，DZD）
- 2018年版
- 尺寸：151毫米 ×71毫米

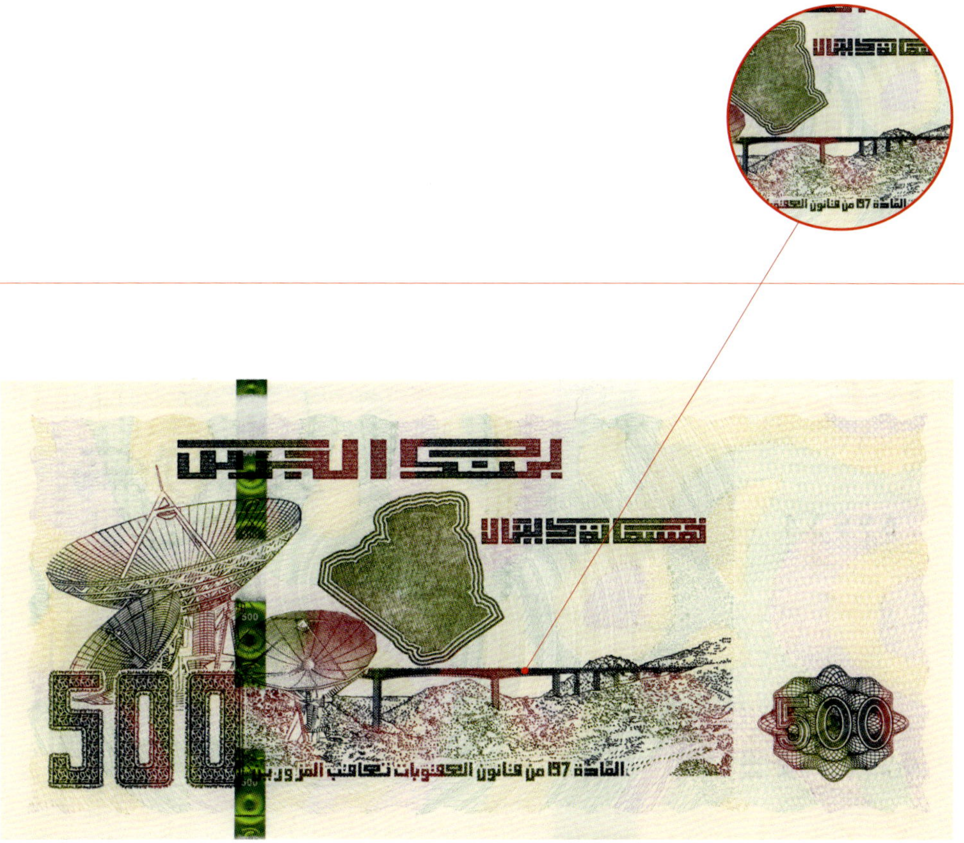

（背面）

这张纸币是2018年由阿尔及利亚中央银行发行的，面额为500第纳尔，纸币的正面是该国首颗通信卫星——“阿星一号”图案，背面的中间是阿尔及利亚国家地理版图，左面图案是卫星通讯地面接收设备，右面图案是阿尔及利亚东西高速公路项目。其中东西高速公路位于阿尔及利亚北部地中海沿岸，全长1216公里，东接突尼斯、西连摩洛哥，贯穿24个省区，是阿国民经济建设2005—2009年经济增长计划的重要组成部分，也是阿尔及利亚建国以来实施的最大现汇工程项目。

来自法国、意大利、葡萄牙、美国、日本、韩国、土耳其、印度、马来西亚等多个国家的企业以及众多阿本土公司参与了项目的公开竞争。中国中信建设有限责任公司和中国铁建股份有限公司组建的联合体于2006年5月中标东西高速公路项目中、西两个标段，分别为169公里和359公里。日本企业组建的联合体承建东段工程。

中国企业承建的路段地形复杂，地质条件恶劣，滑坡、流坍广布，是全路项目中施工难度最大的路段。中国施工企业突破国内既有设计思路，破解了多个世界性难题，该工程被阿尔及利亚工程界视为“阿尔及利亚工程教科书”。该工程还获得“中阿合作杰出贡献奖”和第十五届“詹天佑奖”。

2012年4月，由中国中信—中国铁建联合体承建的阿尔及利亚东西高速公路中、西标段全线贯通，并举行双向通车典礼。

阿尔及利亚公共工程部长阿马尔·古勒和工业部长穆罕默德·本-迈拉迪等阿方政府官员、中国驻阿尔及利亚大使馆临时代办安青和联合体公司代表出席庆典，并与近千名当地民众一道，步行参观标段内总长近2500米的T1和T2隧道。

古勒在致辞中称赞东西高速公路是阿尔及利亚的世纪工程，对于国家经济发展和马格里布地区合作意义重大，是阿中合作的又一典范。他感谢中国政府和两国建设者5年来对工程实施付出的巨大努力，相信这一工程的实现必将促进阿中双方继续携手合作、互利共赢。

安青说，阿尔及利亚东西高速公路是中阿友谊路，建设期间，联合体积极回馈社会，积极开展打井、培训、巡回医疗等社会活动，赢得当地居民好评。中国珍视中阿传统友谊，希望中阿两国不断从多角度加强合作，努力推动两国战略合作关系迈上新台阶。

阿尔及利亚的公路

◇ 多种面额货币上的首颗通信卫星

（正面）

（背面）

- 纸币
- 面额：500第纳尔
- 2018年版
- 尺寸：151毫米 ×71毫米

（正面）

（背面）

- 纪念币
- 面额：100第纳尔
- 2019年版
- 成色：铜镍合金
- 直径：29.5毫米
- 重量：11克

除了上文提到的500第纳尔纸币，2019年阿尔及利亚中央银行发行的首颗通信卫星纪念币上也印有“阿星一号”图案。

“阿星一号”是中阿两国在航天领域的首个合作项目。2013年12月，中国航天科技集团公司所属中国长城工业集团有限公司与阿尔及利亚航天局签署项目合同。此后，中国航天领域各个方面的精英力量共同为阿尔及利亚完成从卫星研制、发射，到研发必要的卫星操控和应用系统的全套“交钥匙”工程。从天上到地面，这项“交钥匙”工程成为中国和阿尔及利亚在航天领域全面合作的良好开端。在卫星研发设计时，中国就同步启动了阿尔及利亚技术管理人员的培训计划，在传、帮、带的过程中让阿尔及利亚运营团队掌握先进技术。

2017年12月11日，长征三号乙运载火箭载着“阿星一号”在西昌卫星发射中心成功发射升空，2018年4月正式交付。“阿星一号”主要用于阿尔及利亚的广播电视、应急通信、远程教育、电子政务、企业通信、宽带接入和星基导航增强服务等领域，其信号可以覆盖阿尔及利亚全境及周边国家。

2020年5月，阿尔及利亚全国学校因为新冠肺炎疫情而一度停课。中国空间技术研究院团队与阿航天局合作，借助“阿星一号”资源，启动远程教育系统，开通了“国家教育频道”，提供卫星电视广播服务。“国家教育频道”是阿尔及利亚首个专门从事远程教育的公共频道，开通后，为阿全国大中小学生提供涵盖所有学科的电视教学及考试辅导等课程，有效解决了学生上课难问题。

阿尔及利亚烈士纪念碑

◇ 多种面额货币上的嘉玛大清真寺

（正面）

- 纸币
- 面额：1000第纳尔
- 2018年版
- 尺寸：161毫米 ×71毫米

（背面）

BANK OF ALGERIA
TWO THOUSAND DINARS
AL00000081932
2000
081932

（正面）

（背面）

- 纪念钞
- 面额：2000第纳尔
- 2022年版
- 尺寸：155毫米 ×72毫米

2018年阿尔及利亚中央银行发行的1000第纳尔纸币和2022年发行的2000第纳尔纪念钞上，均印有“一带一路”项目嘉玛大清真寺的图案。其中1000第纳尔纸币的正面是嘉玛大清真寺全景俯瞰图，背面是阿尔及利亚古代的双耳尖底瓮、织布机、茶具及传统珠宝首饰等图案。2022年，阿尔及利亚为纪念第31届阿拉伯国家联盟首脑理事会会议（阿盟峰会）在阿尔及尔召开，发行2000第纳尔纪念钞。纪念钞正面是竖向设计，图案是象征国家独立自由的地标国家烈士纪念碑，背面是横向设计，印有嘉玛大清真寺图案。

阿尔及利亚嘉玛大清真寺于2012年2月28日开工，2020年10月28日正式对外开放，是“一带一路”标志性项目，被称为阿尔及利亚“千年工程”。它占地面积超过40万平方米，是世界第三大清真寺。其265米高的宣礼塔是世界最高宣礼塔。这个超大建筑群还包括占地2万平方米的祈祷厅、藏书丰富的图书馆、文化中心、《古兰经》研究院、停车场，以及管理中心、就餐区和数座花园等12座建筑。

2011年10月，中国建筑工程总公司中标阿尔及利亚嘉玛大清真寺项目。阿尔及利亚的北部沿海地区属地中海气候，冬季温和多雨，夏季炎热干燥。另外，该项目位于地中海—喜马拉雅地震带，对建筑设计的抗震要求非常高。这些不利的自然因素给施工带来了许多困难。在建设过程中，中国建筑项目方还需要同时与来自亚、非、欧、美四大洲，说法语、德语、阿拉伯语、英语、汉语五种语言的八十多家公司合作。仅各国语言、各地时差和区域文化差异就给中国项目执行团队带来巨大的挑战。有时为了讨论一个技术细节，竟然要转换多国语言，耗去一整个白天的时间，才能顺利沟通。国际合作需要中国智慧，这一点在嘉玛大清真寺项目中得到真真切切的检验。

大清真寺项目的业主方代表、项目总监穆萨表示：“在阿尔及利亚，越是施工难度大、越是质量要求高、越是工期要求高的项目，越会想到中国建筑公司。”

嘉玛大清真寺

埃　及

全称“阿拉伯埃及共和国”。北非国家。位于非洲东北部，包括亚洲西南端的西奈半岛，地跨亚、非两洲。北临地中海，东濒红海，陆疆邻苏丹、利比亚、巴勒斯坦和以色列。面积100.1万平方千米。人口1.110亿（2022年），90%以上为阿拉伯人。阿拉伯语为官方语言。居民信伊斯兰教。首都开罗。境内除尼罗河谷地和三角洲外，沙漠、半沙漠占国土面积96%以上。间有哈里杰、锡瓦等绿洲；红海沿岸和西奈半岛有丘陵山地，最高峰为西奈半岛的凯瑟琳山，海拔2637米。气候干热，除地中海沿岸年降水量可达1000多毫米外，大部属热带沙漠气候。尼罗河纵贯全境，两岸为肥沃的绿洲带。矿藏有石油、天然气、磷灰石、煤、铁、锰等。

2016年1月21日，国家主席习近平在开罗库巴宫同埃及总统塞西举行会谈。会谈后，两国元首见证了《中华人民共和国和阿拉伯埃及共和国关于加强两国全面战略伙伴关系的五年实施纲要》《中华人民共和国政府和阿拉伯埃及共和国政府关于共同推进丝绸之路经济带和21世纪海上丝绸之路建设的谅解备忘录》以及电力、基础设施建设、经贸、能源、金融、航空航天、文化、新闻、科技、气候变化等领域多项双边合作文件的签署，并共同为中埃苏伊士经贸合作区二期揭牌。

◇ 新国家项目系列纪念币

2019年，埃及财政部发行了一套新国家项目系列纪念币，以记录塞西总统提出国家复兴计划后取得的重大基础设施建设成就。这套纪念币还在持续发行中，目前已经发行9种，以下选取6种纪念币，管窥中国企业深入参与埃及国家复兴计划的情况。这6种纪念币都发行了50皮阿斯特和1埃及镑的不同面额版本，以下各选取一个面额进行展示。

◎ 沙漠农业

（正面）

- 纪念币
- 面额：50皮阿斯特（Egyptian Piastre，1 Pound = 100 Piastres）
- 2019年版
- 成色：铜镍合金
- 直径：23毫米
- 重量：6.5克

（背面）

这枚纪念币正面是英文和阿拉伯文的“50皮阿斯特”字样，背面是已经投产的大片沙漠现代化农业简笔图。

2017年5月，中国和埃及两国签署4亿美元的现代农业温室联合项目合同，标志着双方农业合作跨进了新的阶段。这个合作项目也成为埃及现代农业发展的里程碑。

中国国机重工集团有限公司在埃及承建大面积的温室，其建筑材料和技术支持全部来自中国。

已经建成的大规模温室，将沙漠变成新鲜水果和蔬菜的绿色世界。温室农产品不仅满足了埃及国内市场需求，还出口到邻国。这些温室为当地提供了几万个就业岗位，更为促进经济的可持续发展起到积极作用。

◎ 沙漠光伏发电

（正面）

（背面）

- 纪念币
- 面额：1镑（Egyptian Pound，EGP）
- 2019年版
- 成色：铜镍合金
- 直径：25毫米
- 重量：8.5克

这枚纪念币，正面是英文和阿拉伯文的“1镑”字样，背面图案是已经建成投产的大片沙漠光伏发电设备。

埃及南方的阿斯旺省，全年日照超过3000个小时。2018年4月，埃及首个“太阳能村”、占地37平方公里的本班光伏产业园在阿斯旺省首府阿斯旺市以北的沙漠地带正式开工建设，中国企业和中国技术为产业园建设提供重要助力。

建成后的本班光伏产业园里，一座座高耸的输电塔牵引着电线在广袤的沙海里沿着公路向远处延伸，整齐密集的太阳能板在沙漠中发出耀眼光芒。曾经的沙漠变成重要的清洁能源基地。浙江正泰集团股份有限公司和特变电工新疆新能源股份有限公司两家中国企业分别参与承建其中16.55万千瓦和18.6万千瓦两个项目。浙江正泰本班光伏项目总工程师诸葛云在接受《人民日报》采访时介绍道：“剩余项目由其他外国企业承建，他们纷纷选择采用中国技术。据了解，园区50%以上的设备和组件来自中国。”[1]

[1] 《埃及沙海变身“太阳能村”》，《人民日报》（海外版）2019年7月6日，第5版。

◎ 新行政首都

（正面）

（背面）

- 纪念币
- 面额：1镑
- 2019年版
- 成色：铜镍合金
- 直径：25毫米
- 重量：8.5克

这枚纪念币，正面是英文和阿拉伯文的“1镑”字样，背面图案是建设中的新行政首都。

新行政首都是埃及自20世纪70年代以来“沙漠造新城”的最新实践之一，也是埃及“2030愿景”的重要组成部分，将有助于疏散首都开罗的人口压力、缓解交通问题、创造就业、吸引外资等。在埃及新行政首都的建设过程中，中国建设者发挥重要作用。中国建筑股份有限公司埃及分公司承建的新行政首都中央商务区（CBD）项目采用了世界先进技术，是中国高铁、中国大桥走出去后的又一张“中国名片”。该项目位于开罗以东约50公里处，总占地面积约50.5万平方米，包含20个高层建筑单体及配套市政工程。

2016年1月21日，中国建筑集团有限公司与埃及住房部在中国国家主席习近平和埃及总统塞西的共同见证下，签署新行政首都建设一揽子框架协议，并签署埃及新行政首都中央商务区项目总承包合同。项目承包单位派出中国团队帮助埃及完成这个国家战略工程。

◎ 阿拉曼新城

（正面）

（背面）

- 纪念币
- 面额：50皮阿斯特
- 2019年版
- 成色：铜镍合金
- 直径：23毫米
- 重量：6.5克

这枚纪念币，正面是英文和阿拉伯文的“50皮阿斯特”字样，背面是规划建设于北部地中海沿岸区域的阿拉曼新城简笔图。

埃及政府于2017年年底启动阿拉曼新城项目，以缓解快速增长的人口压力及城市交通压力，充分开发北部地中海沿岸区域优质资源，建设集旅游、教育、工业于一体的综合性城市。根据规划，阿拉曼新城总面积约300平方公里，涉及40多个主要开发项目，城市人口将在2030年达到300万，成为未来埃及的“夏都”。

中国建筑集团有限公司继埃及新行政首都中央商务区项目后，又在埃及承揽了阿拉曼新城的重大高端房建项目。2021年2月8日，新城超高综合体项目总承包合同“云签约”仪式在北京和开罗同步举行。2021年6月，项目举行了开工仪式。

埃及住房部长阿萨姆·阿尔扎尔在开工仪式致辞中，对中国建筑团队的不懈努力和各方的支持表示感谢。他表示，这座城市不仅是埃及建筑史上的重要里程碑，也是埃及住房部与中国建筑企业深化合作的重要标志。

◎ 输电网建设

（正面）

（背面）

- 纪念币
- 面额：1镑
- 2019年版
- 成色：铜镍合金
- 直径：25毫米
- 重量：8.5克

沙漠中的输电塔

这枚纪念币，正面是英文和阿拉伯文的“1镑”字样，背面是国家输电网建设成就简笔图。

中国国家电网有限公司承建了埃及电网整体升级工程；中国东方电气集团有限公司向埃及出口了大型电力装备；浙江省、陕西省、湖北省的多家电力工程公司参与了埃及电网建设项目。在埃及，有的输电线路位于农田和果园内，征地协调难度极大，且跨越多处河流、高速公路、普通公路、铁路，施工难度很大。中国电力建设者们克服困难，精心组织，成功实现按期送电。

◎ 新苏伊士运河

（正面）

（背面）

- 纪念币
- 面额：50皮阿斯特
- 2019年版
- 成色：铜镍合金
- 直径：23毫米
- 重量：6.5克

这枚50皮阿斯特面额的纪念币，正面是英文和阿拉伯文的“50皮阿斯特”字样，背面是新苏伊士运河的简笔图。

苏伊士运河是一条海平面的水道。1869年通航后，该运河成为沟通地中海与红海的航运要道，并使从欧洲至印度洋和西太平洋附近国家的航程大大缩短。苏伊士运河是世界上最繁忙的水道之一，也是亚洲与非洲、欧洲来往的主要通道。

2014年，埃及政府宣布开凿新苏伊士运河，既为分担老苏伊士运河原有的通航压力，也为推动本国的经济增长。2015年8月6日，长达72公里的新运河正式开通，成为埃及的国家新象征。新苏伊士运河正式开通后，埃及政府在苏伊士运河地区启动了苏伊士运河走廊开发项目，这是埃及国家战略中的重点工程，计划对原有港口进行升级改造，兴建一批工业园区。

埃及前驻华大使马吉德·阿米尔发表讲话时说：“埃及新苏伊士运河的开凿，正值中国‘一带一路’倡议开始推进的阶段，新苏伊士运河是‘一带一路’倡议的重要组成部分。”

四川公路桥梁建设集团、成都建筑材料工业设计研究院、中国港湾工程有限责任公司、中国水利水电建设集团有限公司等多家公司在新苏伊士运河走廊开发项目中留下中埃合作互利共赢的印记。

佛得角

全称“佛得角共和国”。西非岛国。位于北大西洋佛得角群岛上，扼欧洲与南美、南非交通要冲。包括圣安唐、萨尔、博阿维斯塔、福古、圣地亚哥等18个火山岛。东距非洲大陆最西端佛得角515千米。自北而南分为向风和背风两组群岛。面积4033平方千米。人口59万（2022年），71%是克里奥尔人，其次是黑人。官方语言为葡萄牙语，通用克里奥尔语。居民多信奉天主教。首都普拉亚。多数岛屿地势崎岖，最高点福古岛上的福古火山海拔2829米。热带干燥气候，盛行干热的东北风，年降水量100～200毫米。

2018年中非合作论坛北京峰会期间，我国与包括佛得角在内的28个非洲国家签署共建“一带一路”谅解备忘录。

◇ 国家独立纪念币上的清洁能源项目

（正面）

（背面）

- 纪念币
- 面额：250埃斯库多（Cabo Verde Escudo，CVE）
- 2015年版
- 成色：铜镍合金
- 直径：28.4毫米
- 重量：12克

2015年，佛得角在独立40周年时发行国家独立纪念币。纪念币正面是国徽和面额，以及数学和货币的符号；背面印铸着佛得角发展清洁能源项目以及大众居住生活的图案。

其中的清洁能源项目体现着这个非洲国家在发展经济的道路上坚持人与自然可持续地和谐发展的科学理念。当中国政府派特使出席佛得角独立40周年庆典活动时，佛得角总统、总理和其他多名政府官员都热情地向中国政府特使表示：佛得角独立以后，在国家建设事业上得到中国政府的大力支持和帮助，佛得角愿同中方全面深化各领域友好合作，共同推进两国关系不断向前发展。

佛得角清洁能源项目由中国辽宁国际经济技术合作集团有限责任公司和中铁十七局集团电气化工程有限公司等多家中国企业提供支持。援建的太阳能光伏发电站项目为佛得角政府办公楼、议会大厦、城市广场、公园、庭院等各处带来了光明。

2018年9月6日，习近平主席在人民大会堂会见佛得角总理席尔瓦时强调，将中佛关系打造为大小国家平等相待、团结合作的样板。中方重视佛得角作为小岛屿国家的特殊关切，愿在气候变化、2030年可持续发展议程等问题上加强协调配合，维护两国和发展中国家共同利益。[1]

---

[1] 《习近平会见佛得角总理席尔瓦》，中国政府网，2018年9月6日。

◇ 500埃斯库多上的泡衣崂水坝

（正面）

- 纸币
- 面额：500埃斯库多
- 2014年版
- 尺寸：130毫米 ×64毫米

（背面）

2014年，佛得角中央银行发行500埃斯库多纸币，纸币正面印有作家、诗人豪尔赫·巴博萨的头像。纸币背面是泡衣崂水坝的图案和豪尔赫·巴博萨写的诗：

干旱过后，
是无边的寂静，
既没有植物，

也没有树木残留，
徒留一片荒芜。
……
干旱就这样悄无声息地过去了。
……

无边的寂静才是这些干旱岛屿的灾难！
没有怨言，也没有喧嚣，
唯有灭亡在未来等待……

（作于豪尔赫·巴博萨破旧的小屋中）

泡衣崂水坝是佛得角历史上第一座有规模的水坝，是中国援助佛得角的一项重要水利工程，也是中佛两国政府和人民友好合作的象征。佛得角是热带干旱气候、降水不稳定，建设泡衣崂这样能够贮存、再利用降雨的设施非常重要。[1]

该水坝由中国水利部天津水利水电勘测设计研究院考察设计，广东省源大水利水电集团有限公司为施工总承包单位。项目建设包括水坝工程、引水管和放水管工程、交通桥及有浓郁中国风格的纪念亭。该水坝工程于2004年12月28日开工，2006年5月6日竣工。

2006年7月3日，佛得角政府总理、政府各部长、驻佛得角各国使节和国际组织代表以及各界人士数千人参加了落成庆典。

[1] 佛驻华大使罗穆阿尔多的话。参见《海评面：“中国应对气候变化有承诺有贡献”》，环球网，2021年11月13日。

佛得角泡衣崂水坝（张岚摄）

刚果（金）

刚果民主共和国，简称“刚果（金）”，旧称“比属刚果”“扎伊尔”。中非国家。邻刚果（布）、中非共和国、南苏丹、乌干达、卢旺达、布隆迪、坦桑尼亚、赞比亚、安哥拉。西端狭长地段濒大西洋。面积约234.49万平方千米。人口9901万（2022年），84%以上属班图语系的巴刚果人、巴卢巴人、蒙戈人等，余为苏丹语系的阿赞德人、尼洛特语系的俾格米人等。官方语言为法语。居民大多信天主教或基督教新教，余信传统宗教和伊斯兰教。首都金沙萨。大部属刚果盆地，西部、中部低处海拔约305米。南部为高原，东部属东非大裂谷，多火山、断层湖，谷侧山地海拔1000～2000米，富藏金刚石和多种金属矿，南部加丹加铜矿带举世闻名。赤道横贯北部，大部地区属热带雨林气候，年降水量1500～2200毫米。南纬5°以南属热带草原气候，年降水量1000～1500毫米。河网密布，刚果河为主干，水电蕴藏量达1亿千瓦以上。森林覆盖率53%，富花梨木、乌木、红木等珍贵木材。

2021年1月6日，刚果（金）总统齐塞克迪在金沙萨会见对刚果（金）进行正式访问的国务委员兼外长王毅。同日，王毅还同刚果（金）国务部长兼外长通巴举行会谈并共同会见记者。会谈后，两国外长签署了中刚两国政府关于共同推进“一带一路”建设的谅解备忘录。

◇ 100法郎上的大因加水电站

（正面）

（背面）

- 纸币
- 面额：100法郎（Congolese Franc，CDF）
- 2013年版
- 尺寸：150毫米 ×69毫米

2013年，刚果（金）中央银行发行100法郎纸币，纸币的正面图案是非洲大陆的代表性动物——非洲大象，纸币背面的图案是刚果河大因加水电站。

刚果河下游蕴藏着极其丰富的水能资源，早在20世纪六七十年代，就有欧洲国家开始在刚果河下游开发建设大因加水电站一期项目，20世纪七八十年代建成并陆续投入运行。

该水电站的规划设计和投资额是至今非洲清洁能源项目中规模最大的，工程量大，工期也很长。它也是目前世界上在建的最大的水电站之一。完工后其规模将是中国三峡大坝的2倍，发电量相当于20座大型核电站。

中国长江三峡集团和中国水利水电建设集团组成的团队在大因加水电站二期和三期工程的国际招标竞争中，入围建设名单。中国企业与亚洲、欧洲多个国家的企业组成联合团队，为刚果民主共和国的基础设施建设贡献力量。

吉布提

全称“吉布提共和国”。东非国家。东濒亚丁湾，扼红海进入印度洋要冲，与索马里、埃塞俄比亚和厄立特里亚为邻。面积2.32万平方千米。人口112万（2022年），伊萨人占50%，阿法尔人占40%，还有阿拉伯人等。官方语言为阿拉伯语和法语，通用阿法尔语和索马里语。94%居民信伊斯兰教，属逊尼派。首都吉布提。南部是低高原，海拔500～800米。东非大裂谷穿过中部，北端的阿萨勒湖低于海平面153米，为非洲最低点。北部的穆萨阿里山，海拔2063米，为全国最高点。沙漠和火山占总面积95%。沿海属热带沙漠气候，内地属热带草原气候。年降水量125～380毫米。河流均属间歇河。

2018年中非合作论坛北京峰会期间，我国与包括吉布提在内的28个非洲国家签署共建“一带一路”谅解备忘录。

◇ 建国40周年纪念钞上的吉布提港口

（正面）

- 纪念钞
- 面额：40法郎（Djibouti Franc，DJF）
- 2017年版
- 尺寸：154毫米 ×70毫米

（背面）

2017年，吉布提中央银行发行了面额为40法郎的建国40周年纪念钞。纪念钞的正面图案是鲸鲨、珊瑚、海星、贝壳、海马等，背面图案是吉布提港口全景，以及港口上的起重机等大型港口设备和大型货轮，右上部的黄色图形是吉布提国家版图轮廓。

吉布提因港口而兴起，是非洲之角最重要的出海口。作为“21世纪海上丝绸之路”重要节点，吉布提连接亚、非、欧三大地区，也是国际重要贸易节点之一。2017年，由中国建筑集团和中国土木工程集团承建的吉布提哈雷多功能港开港。上海振华重工为吉布提港口配备了大型港口设备，极大提升了船舶作业效率。

临近吉布提所有主要港口、火车站和机场的吉布提国际自贸区占地48.2平方公里，紧邻吉布提通往埃塞俄比亚的N1公路，是目前非洲最大的自贸区。自贸区由中国招商局集团和吉布提港口与自贸区管理局合作开发建设，2017年1月16日举行开工典礼，2018年7月5日开园。

招商局集团践行“一带一路”倡议，选择吉布提作为“丝路驿站”试点，按照“前港—中区—后城”模式打造“东非新蛇口”。以吉布提国际自贸区为载体，前港、中区（园区）、后城互为依存，港口为园区带来物流及贸易服务，园区通过吸引产业集聚为港口带来货源；港口、园区为城区带来商业服务业，城市服务业发展提升港口和园区的竞争力。吉布提国际自贸区集商贸物流、出口加工、商务配套于一体。截至2020年7月，已吸引96家国际企业入驻。吉布提自贸区已成为具有国际竞争力的贸易和产业服务平台。2019年10月，吉布提国际自贸区入选英国《金融时报》旗下《外国直接投资》（*fDi*）杂志的“2019年度全球十佳自贸区”。

吉布提港

几内亚

全称“几内亚共和国”。西非国家。西濒大西洋，陆疆邻几内亚比绍、塞内加尔、马里、科特迪瓦、利比里亚和塞拉利昂。面积约24.59万平方千米。人口1386万（2022年），主要是富尔贝人（占40%以上）、马林凯人、苏苏人等。官方语言为法语。居民多信伊斯兰教，余信原始宗教、天主教和基督教新教。首都科纳克里。大部为高原和山地，海拔300～1000米。中部的富塔贾隆高原及东南部的几内亚高原多陡坡峡谷，是尼日尔河、塞内加尔河等的发源地。富水力，有“西非水塔”之称。东南端与科特迪瓦交界的宁巴峰，海拔1752米。东北部尼日尔河沿岸和沿海地区为平原。热带季风和热带草原气候。年降水量内陆1000～1500毫米，沿海达4000毫米。森林覆盖率为26.6%，产红木、黑檀等。矿产资源丰富，铝矾土探明储量290亿吨，居世界首位。

2018年中非合作论坛北京峰会期间，我国与包括几内亚在内的28个非洲国家签署共建“一带一路”谅解备忘录。

◇ 5000法郎上的金康水电站

（正面）

- 纸币
- 面额：5000法郎（Guinea Franc，GNF）
- 2019年版
- 尺寸：140毫米 ×68毫米

（背面）

2019年，几内亚中央银行发行了面额为5000法郎的流通纸币。纸币的正面图案是一传统造型女子肖像和飞翔的和平鸽、国徽，背面主体图案是金康水电站，右面是农田中的玉米棒，左上角是几内亚地图。

几内亚水利资源丰富，是西非三大河流的发源地，有“西非水塔”之称。中国援建的金康水电站位于几内亚科库罗河金康瀑布上游皮塔区，为季调节水库引水式电站。

中国和几内亚签订《中几经济技术合作协定书》后，1964年，几内亚政府

工人正在建设金康水电站

委托中国政府帮助建造金康水电站，这是新中国第一个对外援建的水电项目。工程由北京勘测设计院勘测设计，黄河三门峡工程局（水电十一局的前身）负责施工。工程于1964年7月2日正式开工建设，11月15日完成截流，1966年6月9日全部完工。建设过程中，中国专家组克服语言不通、天气炎热、蚊蝇叮咬、传染病高发等困难，制订了详尽方案并与几内亚各界通力合作组织实施。

为了做好援建工程，中国国内在后勤保障方面给予了充分支持。水电总局援外处、黄河三门峡工程局援外处对项目所需的物资、材料、器械设备和生活必需品都是有求必应，从上海、天津、广州通过航空或者海路不远万里运送到几内亚。先后运送100多辆解放牌汽车、100多部施工机械和十几万吨的钢材木材水泥。

水电站建成后，有效库容274万立方米，装机4×800千瓦机组，为几内亚皮塔、拉具、达拉巴、马木四个城市带去了光明，被誉为中国制造的“夜明珠”。后几经扩容，至今依然屹立在这片美丽的土地上，见证着中几两国和两国人民的友谊和合作。[1]

金康水电站项目的成功合作后，中国企业又应几内亚政府的要求，持续援建了一批新的国计民生基础设施项目。

几内亚从1971年老版50西里（几内亚西里，Guinea Syli，GNS）纸币起始印金康水电站，1980年、1998年、2006年、2010年、2012年、2015年、2019年、2021年……几内亚发行的多个版本的流通纸币上都印着金康水电站。几代几内亚人深情诉说着这座水电站的魅力。

中非关系不是一天就发展起来的，更不是什么人赐予的，而是中非风雨同舟、患难与共，一步一个脚印走出来的。[2] 这张纸币是几内亚人民获得感的真实映射。

---

[1]　以上内容参见《上世纪60年代最早走出去的水电人，造就几内亚“货币图案工程”》，中国水电中国水力发电工程学会，2021年6月4日；国家国际发展合作署：《中国“夜明珠”照亮几内亚 | 庆党的百年华诞讲百篇援外故事》，微信公众号（CIDCANews）文章，2022年4月2日。

[2]　国务院新闻办：《新时代的中非合作》白皮书，2021年11月26日。

◇ 20000法郎上的凯乐塔水利枢纽

（正面）

- 纸币
- 面额：20000法郎
- 2015年版
- 尺寸：148毫米 ×70毫米

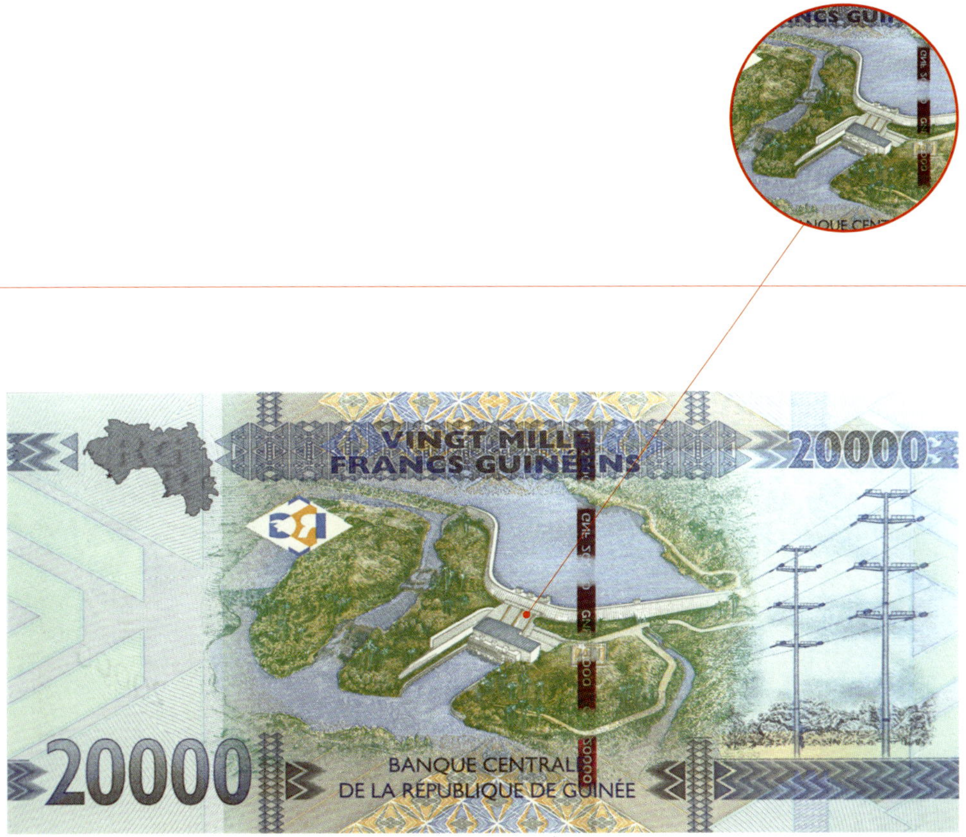

（背面）

2015年，几内亚中央银行发行了面额为20000法郎的流通纸币，20000法郎也是几内亚面额最大的货币。纸币的正面图案是戴头巾的几内亚妇女、飞翔的和平鸽，背面主体图案是凯乐塔水利枢纽和输电塔。几内亚政府和人民借此表达对凯乐塔水电站9月竣工投产的殷切期盼，以及对国民经济发展和未来生活的美好愿景。背面左上角是几内亚地图。

2015年12月5日，习近平主席在南非约翰内斯堡出席中非合作论坛15周年成果图片展时，目光落在几内亚的这张20000法郎纸币上——几内亚政府为让老百姓记住“家里的电灯一直亮着”的“中国的情义”，特别在展会上展示了印有凯乐塔水利枢纽的这张2015年新版纸币。

几内亚有“西非水塔”之称，而凯乐塔水利枢纽工程等中国企业援建的项目，帮助该国实现了“水塔”变“电塔”的梦想。[1]

已经在金康水电站项目中结下中非深厚友谊的中国长江三峡集团下属中国水利电力对外公司受到几内亚政府的信任，成为凯乐塔水利枢纽项目的建设者。该项目于2012年开工，2015年竣工，工程设计全部采用中国标准和规范，机电设备全部从中国进口。这是几内亚当时规模最大的综合性水利枢纽项目。

中国水电队伍承担该项目施工之时，正是埃博拉疫情袭击非洲最危险紧急的时期，五百多名中方现场施工人员在中国援非医疗队的专业指导下，科学防范病毒的传播，坚守工地，以血肉之躯与几内亚人民守望相助，共渡难关。建设项目的所有中外员工无一受到疫情侵害，顺利完成大坝浇筑、机电安装、大坝蓄水等一系列节点目标，并且以提前半年投产的好成绩向几内亚人民呈上中国工匠们的精品之作，为身处疫情漩涡的几内亚经济注入强劲的能源动力。

该工程还被誉为“几内亚总统工程”。这是因为几内亚总统孔戴先生非常重视能源开发，积极推动非洲可再生能源建设事业。他多次亲临工地视察，还多次率领

[1] 胡一峰、[几内亚]福若莫·德尼斯·萨诺：《西非“水塔”变“电塔”》，《共同梦想》“一带一路”故事丛书，中国商业部网站。

科纳克里

非洲多国嘉宾参观凯乐塔水利枢纽工地，被非洲多国首脑拥戴为“非洲能源冠军”。

中国施工队伍在项目设计和施工、管理全过程中，把技术转让和人才培养视为项目全过程的关键“钥匙”，毫无保留地传授给非洲朋友。许多几内亚员工经过多年的培训和实践，已经成长为高水平专业技术人员。

◇ 10000法郎上的水稻田

（正面）

（背面）

- 纸币
- 面额：10000法郎
- 2018年版
- 尺寸：145毫米 ×70毫米

2018年，几内亚中央银行发行了面额为10000法郎的流通纸币。纸币的正面图案是一个女孩、飞翔的鸽子、贝壳和国徽，背面主体图案是水稻田，右边是卢拉山上的“马利夫人”岩层，左上角是几内亚地图。

几内亚1958年独立后，中国即与之开展互助合作。20世纪60年代初，中国派出农业专家远赴几内亚帮助提升水稻产量；90年代帮助当地办农场，规模种植水稻。

几内亚驻华大使萨拉马迪·杜尔发表谈话时称，中国是几内亚可靠的朋友。中方技术人员给几内亚带来改良的水稻种子，同时传授水稻种植技术，中国水稻长势很好，两国农业合作非常成功。

几内亚多版本纸币上都印着水稻种植的画面。

加　纳

全称“加纳共和国”。西非几内亚湾沿岸国家。南濒大西洋。陆邻多哥、布基纳法索和科特迪瓦。面积约23.85万平方千米。人口3348万（2022年），主要是阿肯、莫西－达戈姆巴、埃维、加－阿丹格贝人等。官方语言为英语。居民69%信基督教，余信传统宗教或伊斯兰教。首都阿克拉。沿海与沃尔特河沿岸为平原、盆地，海滨多沙洲、潟湖。西南部和北部为高原，东南部和中部有山地，海拔600～700米。沃尔特河纵贯全境。大部属热带草原气候，年降水量800～1200毫米；西南部属热带雨林气候，年降水量1200～2200毫米。森林覆盖率34%。盛产桃花心木、非洲梧桐等名贵木材。黄金、金刚石、锰等矿藏储量居世界前列。

2018年中非合作论坛北京峰会期间，我国与包括加纳在内的28个非洲国家签署共建“一带一路”谅解备忘录。

◇ 2塞地上的恩克鲁玛陵园

（正面）

- 纸币
- 面额：2塞地（Ghana Cedi，GHS）
- 2017年版
- 尺寸：139毫米 ×67毫米

（背面）

2017年，加纳国家中央银行（简称加纳银行）发行了面额为2塞地的流通纸币。纸币的正面图案是加纳开国总统克瓦米·恩克鲁玛的肖像（右）和陵园中的恩克鲁玛全身雕像（左），背面图案是加纳议会大楼。

中国与加纳两国间的友谊是周恩来总理与加纳恩克鲁玛总统亲手缔造的。双方之间有着特殊的深厚情谊，也经受过世界风雨的严峻考验，成为中非国家领导人交往史上广为流传的佳话。

上面这张纸币正面雕像所在的恩克鲁玛纪念陵园，就是中国华陇建筑加纳有限公司于1989年5月至1991年3月完成的工程项目。

20世纪80年代末，加纳政府决定在首都阿克拉靠海边的老城区建立恩克鲁玛纪念陵园，并且把工程项目交给中国华陇建筑加纳有限公司承建，这也体现了加纳政府对中国的信任和托付。

华陇公司在设计和制作文物陈列室的一组大型浮雕墙时，专门邀请加纳多位艺术大师共同策划。采用当时比较现代的雕塑手法，组合加纳传统文化精华，反映加纳人民争取独立、顽强奋斗的民族精神，大气磅礴、堪称一绝。但是，当时要按照原型用混凝土复制表面做成水刷石，没有相关资料可以借鉴，而且浮雕体型巨大，技术要求很高，万一在制作过程中出一点点瑕疵，就会前功尽弃。中方经理坚持中国制作，亲自动手，先做模拟试验，取得成功后，制定工艺流程，按比例放大设计出模具、卡具，然后将浮雕原件合理分割成若干标准块，做成混凝土阴模，再翻制出成品，最后按照编号把每块上吨重的浮雕拼装成墙。整个制作过程中，加纳政府派摄影机组全程跟踪拍摄。这组最具加纳文化气息的浮雕墙在陵园亮相后，无论是政府首脑还是建设主管部门，都对中国企业的技术能力和水平不约而同地表示肯定。

恩克鲁玛纪念陵园

◇ 多种面额货币上的独立广场

（正面）

（背面）

- 纸币
- 面额：1塞地
- 2014年版
- 尺寸：137毫米 ×65毫米

（正面）

（背面）

- 纸币
- 面额：5塞地
- 2015年版
- 尺寸：140毫米 ×68毫米

（正面）

（背面）

- 纸币
- 面额：50塞地
- 2015年版
- 尺寸：153毫米 ×77毫米

加纳独立广场

2013年至2022年间，加纳银行多次发行了面额为1塞地、5塞地和50塞地的流通纸币。3种纸币的正面图案都是加纳独立运动的六位领袖和加纳首都阿克拉的独立广场。1塞地纸币的背面图案是阿科松博水电站，5塞地纸币的背面图案是加纳大学，50塞地纸币的背面图案是加纳海岸角贩卖奴隶的历史遗址奥苏城堡。

独立广场是为了纪念国家独立而建立，它面对大西洋，是这个国家著名的旅游景点。广场上有代表加纳独立的独立拱门与无名烈士纪念碑。每逢国家节日或者举办阅兵等重要活动，这里就会成为人的海洋。平时也会有很多国内外游客来此参观，成为阿克拉市民休闲的广场。

中国华陇建筑加纳有限公司于1989年5月承建了独立广场观礼台项目。1990年11月交付使用。

此外，加纳10塞地、20塞地、100塞地、200塞地、10000塞地的多个券别上也印着独立广场的图案。

◇ 1塞地上的阿科松博水电站

（正面）

- 纸币
- 面额：1塞地
- 2014年版
- 尺寸：137毫米 ×65毫米

（背面）

2013年以来，加纳银行多次发行了面额为1塞地的流通纸币。如前所述，纸币的正面图案是加纳独立运动的六位领袖和加纳首都阿克拉的独立广场，背面图案是阿科松博水电站。

阿科松博水电站是一项具有发电、防洪、灌溉、航运、渔业等多种功能的水利工程。1961年起投资建造，1966年投入运行，经济效益可观。特别是水库形成的湖区渔业资源异常丰富，是非洲地区难得的渔场。

但是坝址区域地质非常复杂。水电站运行五十多年后，设备严重老化，影

阿科松博水电站

响了水电站正常运行。2010年，中国电建集团所属水电八局积极参与国际市场竞争，参与该电站的设备更新改造——P7项目。[1] 中国工程队在施工中克服物资匮乏和疟疾等疾病的困扰，不怕牺牲，艰苦施工，在非常困难的施工条件下在2014年按期完成项目。设备更新改造后的阿科松博水电站恢复了发电能力，保障了加纳国内的供电，还向多哥、贝宁等邻国输出电力。

[1] 《中国承建加纳最大水电站项目竣工移交》，国务院国有资产监督管理委员会网站，2014年3月28日。

◇ 2塞地和100塞地上的议会大楼

（正面）

（背面）

- 纸币
- 面额：2塞地
- 2017年版
- 尺寸：139毫米 ×67毫米

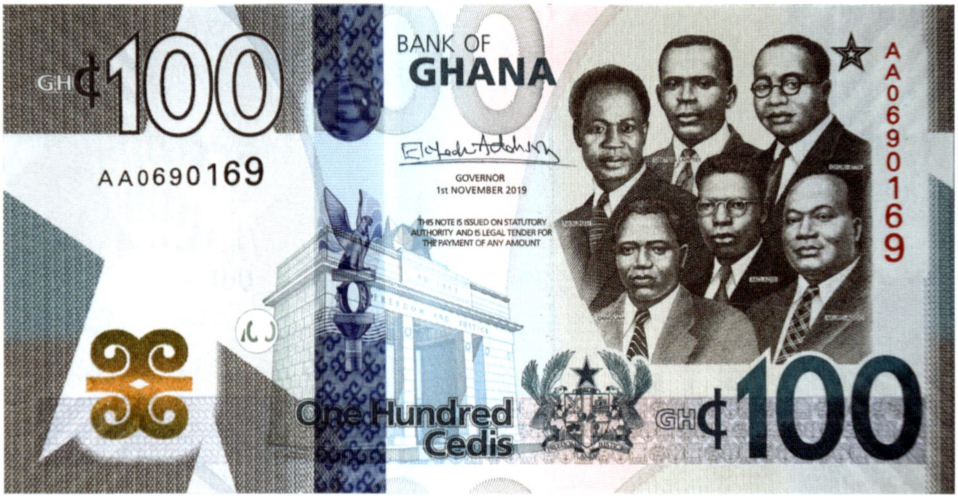

（正面）

- 纸币
- 面额：100塞地
- 2019年版
- 尺寸：157毫米 ×80毫米

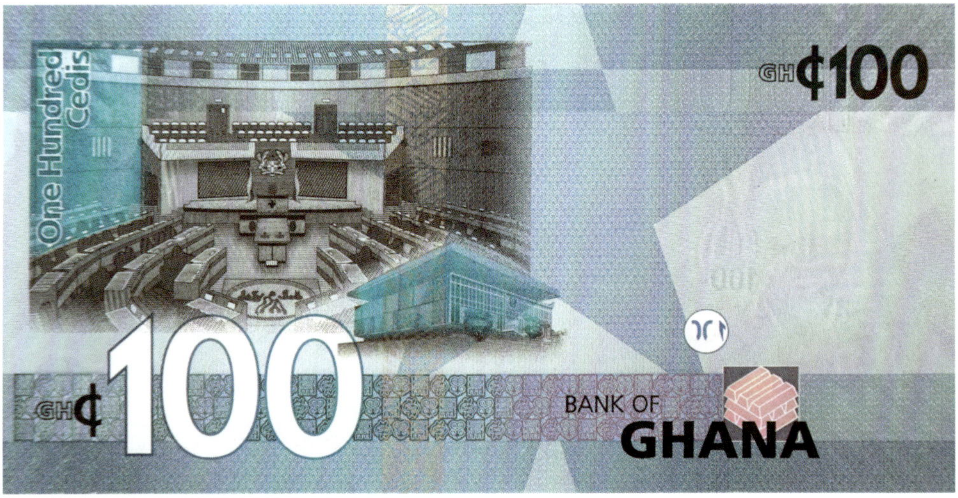

（背面）

2017年、2019年，加纳银行发行了面额为2塞地、100塞地的流通纸币。纸币的正面图案分别是加纳开国总统恩克鲁玛肖像和加纳独立运动的六位领袖肖像，背面图案分别是加纳议会大楼的建筑外景和建筑内景。

加纳议会大厦原办公楼建于1960年，使用近半个世纪后需要维修和功能改善。加纳政府希望中国为其改扩建议会大楼。

华陇（加纳）集团总公司承建了该项目。项目新建面积2.19万平方米，改建面积3.6万平方米。2010年4月开工，2015年10月竣工。中国建筑企业在

阿克拉独立拱门

施工中运用了多项中国建筑业新技术。

2015年11月6日，加纳总统德拉马尼·马哈马、议长阿加霍、中国驻加纳大使孙保红以及议员数百人出席了大楼启用仪式，高度赞扬中国企业出色的施工水准和建筑质量。

2018年9月，加纳总统阿库福-阿多访华时，习近平主席专门提到，两国

老一代领导人毛泽东主席、周恩来总理、恩克鲁玛总统等共同缔造和培育了中加传统友好关系。阿库福－阿多总统表示，加纳将积极参与共建“一带一路”项目，为两国合作注入新的动力。[1]

[1]《习近平同加纳总统阿库福－阿多举行会谈》，新华社，2018年9月1日。

◇ 20塞地上的高等法院办公楼

（正面）

（背面）

- 纸币
- 面额：20塞地
- 2015年版
- 尺寸：149毫米 ×73毫米

加纳高等法院办公楼

2013年至2019年，加纳银行先后发行了面额为20塞地的多版流通纸币。纸币的正面图案是加纳独立运动的六位领袖，背面图案是加纳高等法院办公楼。

加纳高等法院办公楼由华陇（加纳）集团总公司承建。于2011年9月开工，2015年10月交付使用。加纳总统德拉马尼·马哈马、首席大法官乔治娜·伍德等出席交工启用仪式，并且在仪式上讲话。伍德盛赞建筑宏伟典雅。

华陇（加纳）集团总公司进入加纳三十多年，在前述项目之外，先后承建总统行宫、加纳反贪局、加纳审计署、加纳交通部等大型工程。[1]

[1] 《中企承建加纳高等法院交工启用》，新华社，2015年10月12日。

肯尼亚

全称“肯尼亚共和国”。东非国家。地跨赤道。东南濒印度洋，陆疆邻索马里、埃塞俄比亚、南苏丹、乌干达、坦桑尼亚。面积约58.26万平方千米。人口5403万（2022年），有42个部族，主要是基库尤人、卢希亚人、卢奥人、卡伦金人、康巴人等。官方语言为斯瓦希里语和英语。居民主要信基督教新教和天主教，余信传统宗教、印度教、伊斯兰教等。首都内罗毕。大部为高原山地，东非大裂谷东支纵切高原南北。北部为沙漠和半沙漠，占全国面积56%。东南部为海拔100米以下的沿海平原。西南部肯尼亚高原地势最高，海拔1500～3000米，中部有全国最高峰基里尼亚加峰，海拔5199米。赤道以北半沙漠气候占优势，以南主要属热带森林和热带草原气候。年降水量750～1000毫米。多森林、草原。

2018年中非合作论坛北京峰会期间，我国与包括肯尼亚在内的28个非洲国家签署共建“一带一路”谅解备忘录。

◇ 50先令上的发电站

（正面）

- 纸币
- 面额：50先令（Kenyan Shilling，KES）
- 2019年版
- 尺寸：123毫米 ×61毫米

（背面）

2019年，肯尼亚中央银行发行了面额为50先令的流通纸币。纸币的正面图案是乔莫·肯雅塔雕像和肯雅塔国际会议中心，背面图案是图尔卡纳湖风电站（左）、奥尔卡里亚地热发电站（中）、加里萨光伏发电站（右）和衔着橄榄枝的和平鸽。

纸币背面左侧的风力发电机（风车）代表了非洲最大的风电项目——图尔卡纳湖风电站。这个风电场安装有300多台风力发电机。项目并网后，可为肯尼亚国家电网增加大约15%的清洁电力。但是2016年图尔卡纳湖风电站全部

肯尼亚奥尔卡里亚地热发电站

完工时，电站的送出工程，即罗扬加拉尼至苏斯瓦（约434公里）的400千伏输电线路的施工进度，却由于原承包商——欧洲一家公司的破产退出而严重滞后。

如果电力不能够按时送出，风电场业主将向肯尼亚电力传输公司索赔高额违约费。而这项高额违约费将被分摊在用户电费中。此时，中国电建集团贵州工程公司与中国国家电网下属南瑞集团有限公司组成联合体，接下了这个“烫手山芋”。联合体与肯尼亚电力传输有限公司签订总承包合同，承诺在规定期限内完成电力传输项目。

为了按时兑现这个承诺，中国企业要面对道路运输、雨季施工、大风影响放线、现场遗留障碍、野生动物袭击、部落冲突影响等重重难题。智慧的中国施工团队以非凡的胆识、严谨的推理、娴熟的技艺，创新地尝试“无人机放线”技术，一举跨越障碍，大大提高了放线效率。项目完工时，肯尼亚多家主流媒体不约而同发表文章，称赞中国“无人机放线”技术帮助肯尼亚政府避免了巨额“罚金”。

纸币背面右侧的加里萨光伏发电站项目是东非最大的光伏发电站，由中国进出口银行提供贷款，中国江西国际经济技术合作有限公司与晶科能源控股有限公司组成的联合体负责设计、采购、施工、安装及当地人员培训，加里萨光伏发电站年均发电量超过7600万千瓦时，每年帮助减少6.4万吨二氧化碳排放。[1]

纸币背面中间的奥尔卡里亚地热发电站项目位于东非大裂谷的特殊地理位置，已经成为非洲最大地热发电站，由中国石油集团长城钻探工程公司负责钻采、供应地热蒸汽，并由日本、韩国、新西兰、印度等国共同合作扩建。

以上这些清洁能源项目，也证明了世界各国多边合作在非洲基础设施投资与建设方面存在巨大的潜力和发展需求。互补合作能够为合作各方创造更多的互利空间。

[1] 国务院新闻办:《新时代的中非合作》白皮书，2021年11月26日。

马达加斯加

全称“马达加斯加共和国”。非洲岛国。位于印度洋西部，西隔莫桑比克海峡同大陆相望。由马达加斯加岛及其沿岸圣玛丽岛等小岛组成，面积59.2万平方千米。人口2961万（2022年），98%以上为马尔加什人。通用马达加斯加语，官方语言为法语。居民多信传统宗教，余信基督教新教、天主教或伊斯兰教。首都塔那那利佛。岛东岸是带状狭窄低地；西部沿海平原宽50～190千米；中央高原南北绵延1160千米，海拔800～1500米。多休眠火山，马鲁穆库特鲁山最高，海拔2876米。东部属热带雨林气候，中部为热带高原气候，西部属热带草原气候，年平均气温26℃。河流众多，大河均西流注入莫桑比克海峡。森林覆盖率21%。动植物种类繁多，著名的有狐猴、马岛灵猫、旅人蕉、凤兰等。

2017年3月27日，国家主席习近平在北京人民大会堂同马达加斯加总统埃里举行会谈。会谈后，两国元首见证了《中华人民共和国政府与马达加斯加共和国政府关于共同推进丝绸之路经济带和21世纪海上丝绸之路建设的谅解备忘录》以及经贸、基础设施建设等领域双边合作文件的签署。

◇ 1000阿里亚里上的4号国道

（正面）

- 纸币
- 面额：1000阿里亚里（Malagasy Ariary，MGA）
- 2017年版
- 尺寸：129毫米 ×69毫米

（背面）

2017年，马达加斯加中央银行发行了面额为1000阿里亚里的流通纸币。纸币正面是当地的人型山峰图景，纸币背面印着4号国道上的卡莫罗桥。

4号国道是马达加斯加首都塔那那利佛通往西海岸港口马任加的重要干线，全长500余公里。原公路标准低、路况差，严重影响了国家经济的发展。在世界银行的支持下，马达加斯加政府决定分期分段整治这条道路。该工程沿线地区4月至10月气候炎热干旱，滴水不降；11月至次年3月飓风暴雨，白昼无常。路线附近缺乏可供筑路修桥的砂石材料，工程需要的近10万立方米的规格碎石，均要从远处采集加工。路线所经地形和工程特点，特别是旧路双向加宽，使机械很难发挥作用，而碎石基层和沥青混凝土路面的各项技术指标标准要求都很高。工期排得很紧。

河北省交通厅公路工程局在11个国家的17家公司的激烈竞争中胜出，并于1987年3月25日提前两个月胜利完成主体工程。马达加斯加公共工程部长维克托·拉马哈特拉在两次视察工地后连连赞扬中国工程技术人员，赞扬工程质量。世界银行代表若兹·布隆弗芒参观工程时翘起大拇指，兴奋地说：“中国朋友修的路真好，谢谢你们！”

后来，马达加斯加政府又议标给中国施工单位，增加了新的路面工程。马达加斯加的2号国道和4号国道上都留下了中国公路建设者的足迹。

通往塔那那利佛的道路

◇ 20000阿里亚里上的袁隆平杂交水稻

（正面）

- 纸币
- 面额：20000阿里亚里
- 2017年版
- 尺寸：149毫米 ×81毫米

（背面）

2017年，马达加斯加中央银行发行了面额为20000阿里亚里的流通纸币。纸币的正面图案是水稻、香草、荔枝等农产品。

马达加斯加的农业人口占总人口80%以上，出口收入的70%来自农业，全国可耕地880万公顷，已耕地280万公顷。马达加斯加土地肥沃，气候适合各种热带、温带粮食和经济作物生长。[1]

[1] 《马达加斯加国家概况》，国家国际发展合作署网站，2023年4月8日。

马达加斯加是非洲种植水稻历史最悠久的国家，有三分之二的耕地种植水稻。但是长期以来产量低下，每年需要大量进口大米才能维持国内消费。

早在三十多年前，当杂交水稻技术在中国大地上取得累累的科研硕果时，袁隆平就坚定了要让杂交水稻“走出去”，造福更多贫困人群的信念。他首先想到的是“授人以渔”，推广中国先进技术，让更多的国家和人民掌握杂交水稻种植和繁育技术。在三十多年时间里，这位“杂交水稻之父”畅开胸怀，持续开办国际技术培训班，为八十多个发展中国家培训了一万四千多名杂交水稻技术人才，并出任联合国粮农组织首席顾问，在非洲多国以及印度、孟加拉国、印度尼西亚、越南、菲律宾、美国、巴西等国实现了杂交水稻的大面积种植。

在马达加斯加，中国政府实施了农业技术示范中心项目，开展杂交水稻技术援助。经过十几年的努力，一批又一批中国专家以科研、推广、普及的薪火相传，使马达加斯加成为非洲种植杂交水稻面积最大、产量最高的国家。继大面积推广杂交水稻技术在当地连续取得丰收成果后，袁隆平团队再为马达加斯加建立水稻良种繁育基地，实现杂交水稻制种的规模化，为当地独立自主建设可持续发展的杂交水稻产业链奠定了“硬核”实力。[1]

2017年，马达加斯加发行新版纸币后，该国农牧渔业部专派官员赴中国长沙，将一张20000阿里亚里高面额纸币面呈中国水稻专家袁隆平。纸币上耀眼的杂交水稻就是中国工程院袁隆平院士率领科研团队在非洲深耕多年后结出的硕果。马达加斯加以国家名片的形式向世界宣告——马达加斯加终于在粮食问题上“脱贫”了。这张纸币也表达了马达加斯加人民对袁隆平团队的诚挚敬意。

2021年5月22日，91岁的袁隆平在湖南长沙病逝的消息引起世界悲痛。联合国粮农组织以及美国、法国、德国、俄罗斯、以色列等几十个国家的官方和民间人士纷纷缅怀追思袁隆平为世界粮食安全、消除贫困、造福民生作出的杰出贡献。美联社在报道中特别提到：袁隆平的团队与全球数十个国家和地区合作，“他的水稻研究帮助养活了世界”。

[1] 《马达加斯加各界称赞中国杂交水稻：“擦拉贝！”》，国家国际发展合作署网站，2022年12月3日。

2022年5月6日，马达加斯加农牧渔业部秘书长拉哈里诺梅纳在首都塔那那利佛对新华社记者说："中国是全球杂交水稻研究领域的先驱者，感谢中国政府为马方杂交水稻育种以及非洲农业发展所作的贡献。"[1]

值得一提的是，这张20000阿里亚里纸币的背面图案是马达加斯加最大的矿业项目——安巴图维镍钴矿冶炼中心，该矿由加拿大、韩国、日本等多国企业持股。历经半个多世纪的勘探，经过5年多建设，在2012年10月建成投产。中国南京化建、江都建设、威海国际、中农机、中国北车等多家企业参与分包和承包工程，为该项目的按时投产贡献了中国智慧和能力。

[1] 《马达加斯加官员：感谢中国政府为非洲农业发展所作贡献》，《潇湘晨报》2022年5月12日。

马拉维

全称“马拉维共和国”。南非内陆国。位于马拉维湖畔，邻坦桑尼亚、赞比亚和莫桑比克。面积约11.85万平方千米。人口2041万（2022年），绝大多数为马拉维人，还有马夸人、图姆布卡人、尧人等。官方语言为英语和奇契瓦语。65%居民信仰传统宗教，25%信仰基督教和伊斯兰教。首都利隆圭。东非大裂谷纵贯南北，两侧为高原，一般海拔1000～1500米。最高点萨皮图瓦山海拔3000米。多火山。热带草原气候，年降水量1000～1500毫米。

2022年3月23日，中国与马拉维签署共建“一带一路”谅解备忘录。马外交部长滕博和中国驻马大使刘洪洋出席在马首都利隆圭举行的相关仪式并致辞。

◇ 100克瓦查上的布兰泰医学院

（正面）

- 纸币
- 面额：100克瓦查（Kwacha，MWK）
- 2016年版
- 尺寸：128毫米 ×64毫米

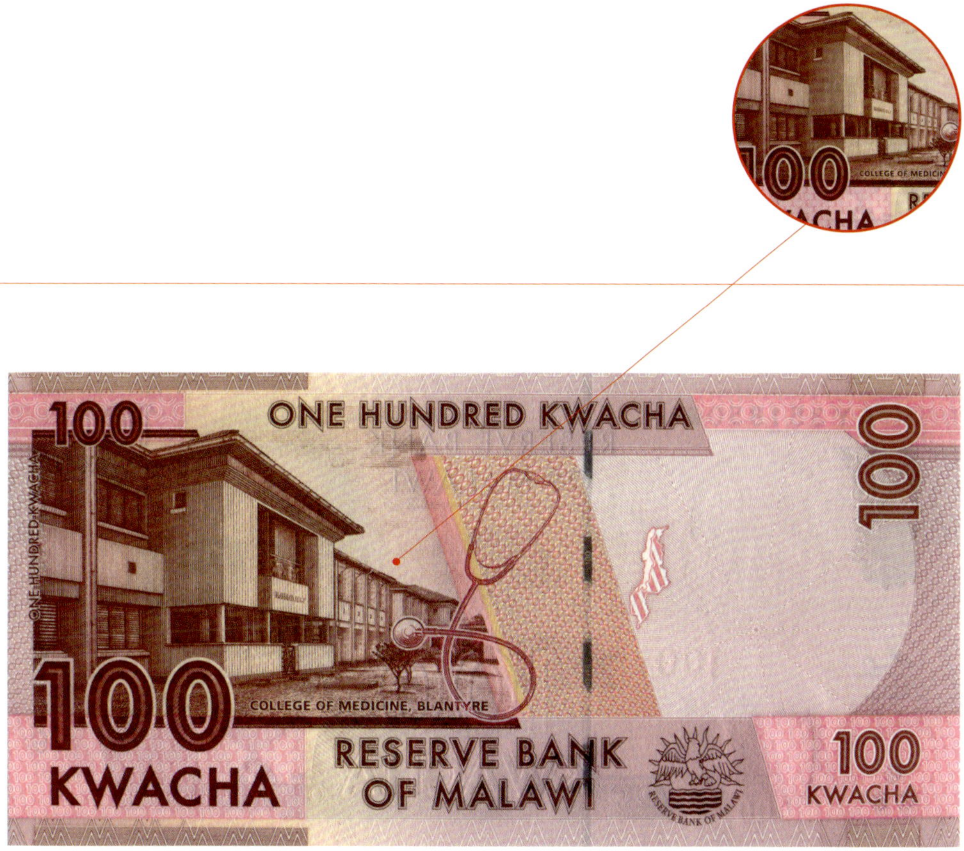

（背面）

2016年，马拉维储备银行发行了面额为100克瓦查的流通纸币。纸币的正面是尼亚萨兰非洲人大会创始人詹姆斯·弗雷德里克·桑加拉。背面是马拉维布兰泰医学院，该医学院位于布兰泰市东北部，占地100公顷，其建设工程由甘肃建筑工程总公司2005年6月开工建造，2007年5月完工交付使用。

整个工程分为三期进行。按照医学院的教学功能，分为行政教学区（图书馆、教学楼、生物化学楼、生理学楼、药理学楼、动物房、化学品仓库、餐厅）；生活区（男女宿舍）；活动区（体育馆、足球场、篮球场）三部分。

马拉维姆兰杰山

该项目在施工过程中，每月平均吸纳400多名当地工人参加施工建设，工程最高峰期有580名当地工人参加施工。在为当地提供就业岗位的同时，中方在项目全过程中按照马拉维的英式规范制定质量保证体系，对工人进行技术培训，推进样板施工。整个工程经过精心组织，在业主、设计、监理等多方严格验收下，达到工程质量优良、设备性能良好、运转正常的设计要求。

值得一提的是，2012年、2016年、2017年、2020年版100克瓦查纸币的显著位置上都印着医疗听诊器图案，成为整个医学院建筑群的专有标识，特别显眼。

◇ 200克瓦查上的议会大楼

（正面）

（背面）

- 纸币
- 面额：200克瓦查
- 2021年版
- 尺寸：133毫米 ×66毫米

2016年、2021年，马拉维储备银行分别发行了面额为200克瓦查的流通纸币，纸币正面是马拉维独立后第一位女性内阁部长罗斯·洛马辛达·奇班博夫人肖像，背面图案是马拉维议会大楼。

议会大楼是中马建交后确定的中国五大援建项目之一，其余四大项目分别是卡隆加至奇提帕公路、国际会议中心、马拉维科技大学、国家体育场。

该项目原为马拉维政府自筹资金建设，分为两期。中马建交后，马拉维政府向中方提出援建请求。由于原承包商已经完成近30%的土建工程，中方接手时面临许多困难。安徽外经建设（集团）有限公司派出工程技术人员，对项目进行全面考察并重新优化设计，于2009年2月开工，2010年5月落成，用时仅15个月。特别是马拉维一年中有近半年时间处在雨季，为避免雨季耽误工期，工程师们仅用5个月就完成结构建设，实现了国家地标的诞生。马拉维共和国议会公共关系发言人称：“没有中国，马拉维无法拥有这样的建筑。”

马拉维政府全体内阁成员、议员，以及赞比亚、莫桑比克、安哥拉等非洲多个国家的首脑和马拉维各界人士万余人出席了议会大楼落成仪式。

2021年8月27日，马拉维总统查克维拉与习近平主席通电话祝贺中国共产党成立100周年时，高度赞扬两国建交以来在各领域取得的良好合作成效，并感谢中国的投资和合作为马拉维国家经济社会发展所发挥的重要作用。查克维拉特别地祝贺中国在解决贫困问题上取得的历史性成就。他表示，希望马拉维与中国的关系更加坚固强劲。[1]

议会大楼使用多年后，中国土木工程集团马拉维有限公司又承担了该大厦的升级维护和功能改善工作，并且培养当地人员的日常自主运维能力。2023年3月8日下午，在马拉维首都利隆圭隆重举行了议会大厦维护项目的交付仪式。

---

[1] 《习近平同马拉维总统查克维拉通电话》，中国政府网，2021年8月27日。

◇ 500克瓦查上的民生饮水工程

（正面）

（背面）

- 纸币
- 面额：500克瓦查
- 2014年版
- 尺寸：132毫米 ×68毫米

2012年、2014年、2017年，马拉维储备银行多次发行了面额为500克瓦查的流通纸币。纸币的正面图案是马拉维储备银行建筑和独立运动家约翰·奇伦布韦肖像，背面是穆伦古兹水坝和代表民生饮水工程的水龙头图案。

马拉维是一个传统的“靠天吃饭”的农业国，基础设施相对落后，除了农村居民的健康饮水问题，随着城镇化进程，其城市饮用水亦开始面临短缺。因此，马拉维面临繁重的民生和经济发展任务。

中马建交后，中方在马全国援建了600口水井，大大改善了马拉维农村居民的供水条件，得到了马民众的赞誉。该项目由甘肃地质工程有限责任公司执行，于2012年11月1日开工，2013年11月29日提前三个月竣工，2014年3月6日正式移交马拉维政府。

援建水井的村庄十分分散，部分村庄地处偏远，道路状况很差，有些道路经过雨水的冲刷，路基被冲毁，桥梁被冲断。为确保工程作业人员及大型车辆安全顺利到达施工现场、保证项目按时开工，前期还需要开展非常细致和艰苦的沟通协调工作。

在测探钻井位置时，施工队伍发现当地地下水资源极其匮乏，干井率达到50%左右，施工公司便选派具有丰富经验的测井技术人员，认真研究地质结构，每个村子至少选择三个点进行测量，有的村子甚至要选五到七个点。依据测井数据，通过分析比较，选出最有希望的测点进行水井施工，最大限度降低干井率，提高施工效率。

由于严重缺水村庄的生活条件恶劣，井位过于分散，施工人员每天起早贪黑，中午和当地工人一块吃些西麻（一种玉米面团，当地居民的主食），晚上十点多才能赶回基地。在有的井位，施工人员还必须住在工地上，一住就是半个月。为了多建一个井坪，多安装一台水泵，确保项目按时完工，中国施工队伍没有一个人叫苦喊累，所有人都无怨无悔。

马拉维水利部要求水井施工所用到的砾料必须来自马拉维湖，而砾料运输路途遥远（往返路程800公里左右），且有的村庄位于半山腰上，大型运输车无法通过，提高了砾料的运输难度和成本。为此，施工队伍根据村庄的分布情况，

利隆圭的街道

统一划分区域，用卡车直接把砾料运到所分区域的中心地带，根据每个井位的需要，再用小型皮卡车运到井位，既节约了时间和成本，又加快了施工进度。

马拉维灌溉与水利部长卡琳德在移交仪式上的讲话中高度评价中马关系，称中国是马拉维的真诚朋友和可靠伙伴，并对中国政府对马拉维经济社会发展的大力帮助和支持表示衷心感谢。这600眼水井为马拉维六个地区共15万人提供了清洁饮用水，极大地改善了当地民众的生活质量。

◇ 2000克瓦查上的科技大学

（正面）

（背面）

- 纸币
- 面额：2000克瓦查
- 2018年版
- 尺寸：135毫米 ×66毫米

2018年，马拉维储备银行发行了面额为2000克瓦查的流通纸币。纸币正面是约翰·奇伦布韦肖像，背面图案是马拉维科技大学。科技大学占地24万平方米，群山环绕，环境优美，建校时间不长，是一所成长中的大学。

2011年4月9日，马拉维政府在马南部乔洛地区隆重举行中国援建的马拉维科技大学项目奠基仪式，马总统穆塔里卡携夫人为项目奠基并讲话。马拉维议长、首席大法官、内阁几乎全体部长、政府首席秘书、执政党民进党秘书长等高官，以及马拉维各大学校长、传统领袖、宗教领袖、外国驻马使节和国际组织代表数千人参加奠基仪式。

2013年12月13日，由安徽省外经建设（集团）公司承建的该项目完工并正式交付马方投入使用。此后，中方又捐赠1500万美元为该校采购设备和家具等。该大学包含教学楼、行政楼、学生公寓、图书科技中心、礼堂等现代化设施，可容纳3000名学生在校学习。

2022年3月，中国甘肃国际经济技术合作有限公司中标马拉维科技大学实验楼项目，该项目是马拉维政府2022年重点工程项目之一。

摩洛哥

全称“摩洛哥王国”。北非国家。北濒地中海，隔直布罗陀海峡与西班牙相望，西临大西洋，东及东南邻阿尔及利亚，南界西撒哈拉。面积45.9万平方千米（不包括西撒哈拉地区）。人口3746万（2022年），阿拉伯人约占80%，柏柏尔人占20%。阿拉伯语为国语，通用法语。居民信伊斯兰教。首都拉巴特。中部和北部为阿特拉斯山地。最高峰图卜卡勒山海拔4165米。东部和南部是高原，西北沿海是肥沃平原。北部为地中海式气候，东部、南部为沙漠气候。年降水量从800毫米递减至100毫米左右。主要河流有乌姆赖比阿河、穆卢耶河等。

2017年11月17日，中国外交部长王毅在北京同摩洛哥外交与国际合作大臣布里达举行会谈。会谈后，两国外长共同签署《中华人民共和国政府与摩洛哥王国政府关于共同推进丝绸之路经济带和21世纪海上丝绸之路的谅解备忘录》。摩洛哥成为首个签署该文件的马格里布国家。

◇ 国王穆罕默德登基20周年纪念钞上的穆罕默德六世大桥

（正面）

- 纪念钞
- 面额：20迪拉姆（Moroccan Dirham，MAD）
- 2019年版
- 尺寸：130毫米 ×70毫米

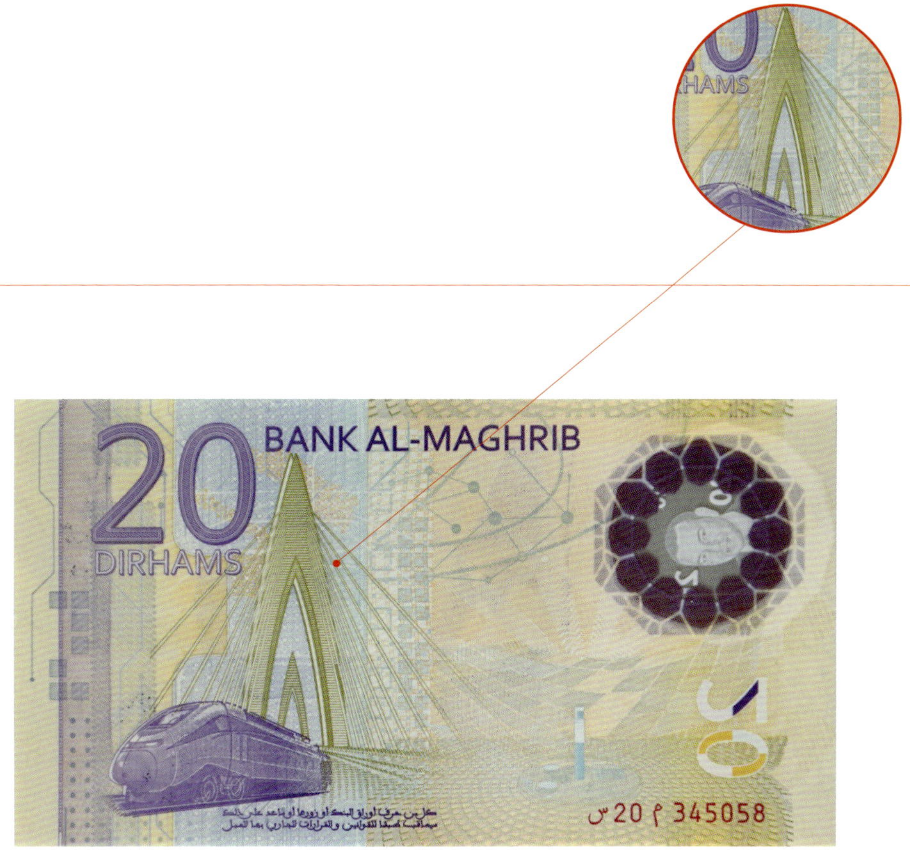

（背面）

2019年，摩洛哥中央银行发行了国王穆罕默德登基20周年纪念钞，面额为20迪拉姆，这张纪念钞正面图案是竖向设计，印有穆罕默德六世国王的肖像以及摩洛哥的国徽，背面为横向设计，印有穆罕默德六世大桥以及摩洛哥近年发展的高速列车、太阳能发电厂和通信卫星等。

穆罕默德六世大桥被誉为“摩洛哥第一桥”，横跨布里格里格河谷，全长950米，跨径742米，主塔高约200米，由中国中铁大桥局集团有限公司承建。

拉巴特哈桑清真寺的喷泉

大桥两侧共有斜拉索160根，平均长度127米。大桥也是首都拉巴特绕城公路的重点控制性工程。大桥造型具有典型的阿拉伯建筑特点，主塔造型的设计灵感源自摩洛哥传统的拱形大门，在道路安全方面符合最严格的欧洲标准。大桥建成后，成为摩洛哥地标之一。

中铁大桥局与法国伊吉斯设计院联合承担项目设计，中铁大桥局采用中国标准施工。在建桥施工过程中还召开了两次国际桥梁论坛会议，为桥梁的设计、施工烙上了“中国智造”的元素。造桥过程中，中铁大桥局还为摩洛哥培养了一批本地的桥梁工程师和技术工人。

2016年7月7日，大桥正式建成通车，国王穆罕默德六世亲自出席该桥的竣工通车剪彩仪式。

该工程还获得中国建筑业协会2020年中国建设工程鲁班奖（境外工程）。

苏　丹

全称“苏丹共和国”。北非国家。东北濒红海，陆疆邻埃及、利比亚、乍得、中非共和国、南苏丹、埃塞俄比亚和厄立特里亚。面积188万平方千米。人口4687万（2022年），多阿拉伯人。官方语言为阿拉伯语，通用英语。98%的居民信伊斯兰教。首都喀土穆。中南部是苏丹盆地，尼罗河河谷纵贯。西部和东部是高原。北部多沙漠。全境终年炎热，主要属热带草原和热带沙漠气候，年降水量自北向南由20毫米递增至750毫米左右。

苏丹是最早积极响应“一带一路”倡议、并与中国签署共建“一带一路”协议的国家之一。

◇ 100镑上的水电站群

（正面）

（背面）

- 纸币
- 面额：100镑（Sudanese Pound，SDG）
- 2019年版
- 尺寸：148毫米 ×66毫米

2019年2月，苏丹中央银行发行了面额为100镑的纸币。纸币正面图案是梅洛金字塔。苏丹境内的金字塔散落于广袤的撒哈拉沙漠中，总数约有250座，构成了一片庞大的金字塔群。与埃及高大壮观的金字塔不同，苏丹的金字塔建筑普遍比较矮小，因而也被称为“小金字塔”，最高的仅有数十米，且相互之间距离很近，形成了一个建筑群体。纸币背面图案是三座水电站——麦洛维大坝、罗塞雷斯大坝、上阿特巴拉水利枢纽。

这三座水电站都坐落在苏丹的“母亲河”尼罗河的干流或支流上，总装机约200万千瓦，占苏丹水电装机的95%、全国总装机的60%以上，为苏丹国家稳定、经济发展、民生改善奠定了坚实的基础。这三座水电站都是由中国水利电力对外有限公司等中国企业负责建设或改建的。

中国水利电力对外有限公司进入苏丹二十多年，已经先后为苏丹建造多个水利水电和基础设施项目。这些水电站投入使用后，使苏丹国家电费降低25%以上，让苏丹人民实实在在享受到发展的成果。其中的麦洛维大坝还被当地媒体誉为“苏丹的三峡工程”。

三座水电站同时被印在国家货币上，不仅表达出苏丹对能源开发和经济发展的热切渴望，也是对中国苏丹两国友谊与合作的崇高礼赞。

◇ 500镑上的喀土穆炼油厂

（正面）

（背面）

- 纸币
- 面额：500镑
- 2019年版
- 尺寸：156毫米 ×74毫米

2019年，苏丹中央银行发行了面额为500镑的流通纸币。纸币的正面图案是喀土穆国家电信公司大楼和碟形卫星电视接收器，背面图案是一家炼油厂。

苏丹境内第一个以现代化炼油厂为主体的合资公司——喀土穆炼油公司是中国石油天然气集团公司与苏丹能矿部合资建设的，位于苏丹首都喀土穆以北70公里处，2000年5月建成投产。公司按照股份制的管理模式运作，实行董事会领导下的总经理负责制。董事会由中苏双方组成，合资双方各持有50%的股份。工程采用中国标准规范设计、施工，是中国海外最大的现代化炼油厂之一，也是苏丹技术最先进、规模最大的炼油厂。苏丹以此建立起比较完备的石油工业体系，使其由原油进口国一跃成为原油出口国。该企业为当地创造了大量就业机会，也是苏丹培养本土人才的摇篮。

◇ 20镑上的卫星通讯

（正面）

（背面）

- 纸币
- 面额：20镑
- 2017年版
- 尺寸：160毫米 ×74毫米

2017年，苏丹中央银行发行了面额为20镑的流通纸币。纸币的正面图案是金字塔和工业成就灌溉水车、钻井平台，背面图案由两部分组成，上半部分图案代表了工厂和卫星事业发展，下半部分图案代表了工业化发展农业的成果。

苏丹虽然遭受过经济危机的困扰，但数十年来一直在寻求开展国家空间计划，发展遥感和地球信息学等领域，探索研发应用于本国经济和太空研究的人造卫星。中国的航天科技企业持续为苏丹空间与航天研究人员提供服务。

2019年11月3日，中国深圳航天东方红海特卫星有限公司成功地在太原卫星发射中心把苏丹首颗人造卫星——苏丹科学实验卫星一号发射升空，圆了苏丹人几十年的卫星梦。中国科研团队还帮助苏丹空间与航天研究人员独立地承担起从苏丹本土监控卫星运行的工作任务。

乍　得

全称“乍得共和国”。非洲中部内陆国。位于中非北部，撒哈拉沙漠南缘，与中非共和国、苏丹、利比亚、尼日尔、尼日利亚、喀麦隆为邻。面积128.4万平方千米。人口1772万（2022年）。部族众多，主要有萨拉人、马萨人、图布人、巴吉尔米人、科托科人、柏柏尔人等。官方语言为法语和阿拉伯语。居民多信伊斯兰教，余信基督教或传统宗教。首都恩贾梅纳。西部、南部主要是低高原和盆地，海拔250～400米。从乍得湖往东北，地势渐增至1500米以上，并有超过3000米的火山。全国最高点库西山，海拔3415米。沙漠、半沙漠辽阔，仅南部沙里河谷地为热带草原。大部为热带沙漠气候。年降水量自南而北，由1500毫米递减至50毫米以下。

2018年中非合作论坛北京峰会期间，我国与包括乍得在内的28个非洲国家签署共建“一带一路”谅解备忘录。

◇ 中华人民共和国成立70周年纪念币

（正面）

（背面）

- 纪念币
- 面额：1000中非法郎（CFA Franc BEAC，XAF）
- 2019年版
- 成色：铜镍合金
- 直径：27毫米
- 重量：10.5克

乍得是中非经济共同体成员国之一。2019年，乍得为庆祝中华人民共和国成立70周年，决定发行面额为1000中非法郎[1]的纪念币。纪念币的正面图案是乍得国徽。背面图案是大熊猫、非洲羚羊、和平鸽、天安门，以及“庆祝中华人民共和国成立70周年”字样。

2006年8月6日，中乍两国复交，标志着两国关系翻开了新的历史篇章，也为发展双边经贸合作奠定了坚实基础。近年来，在双方共同努力下，双边经贸合作成果显著，两国贸易规模持续扩大，中国企业在乍得投资愈加积极，工程承包合作稳步增长，发挥着两国关系推进器和稳定锚的重要作用。

2021年乍得发生新冠肺炎疫情后，中国是首个提供抗疫物资援助的国家，又是首个向乍得提供疫苗的国家。

---

[1] 中非金融合作法郎是中非经济共同体国家银行发行的货币，在非洲中部六国（赤道几内亚、刚果共和国、加蓬、喀麦隆、乍得、中非共和国）使用，简称中非法郎。中非法郎与欧元之间为固定汇率，1欧元=655.957中非法郎。

◎马来西亚

◎孟加拉国

◎缅甸

◎斯里兰卡

◎塔吉克斯坦

◎土耳其

◎乌兹别克斯坦

◎印度尼西亚

亚洲

ASIA

◎阿曼

◎巴基斯坦

◎哈萨克斯坦

◎吉尔吉斯斯坦

◎柬埔寨

◎卡塔尔

◎科威特

◎老挝

◎马尔代夫

阿　曼

全称“阿曼苏丹国”。西亚国家。位于阿拉伯半岛东南部，濒临阿曼湾和阿拉伯海。陆疆邻阿拉伯联合酋长国、沙特阿拉伯和也门。另有飞地在穆桑代姆半岛北端，扼霍尔木兹海峡。面积30.95万平方千米。人口458万（2022年），阿曼人占54.9%。阿拉伯语为官方语言，通用英语。伊斯兰教为国教。首都马斯喀特。全境大部为高原，沿海有狭长平原，东北及西南山地耸峙。热带沙漠气候，炎热干燥，最热月绝对高温可达50～55℃。荒漠面积广大。石油探明储量8亿吨，还有硫黄、铜等矿藏。

2018年5月15日，中国国务委员兼外交部长王毅与阿曼外交事务主管大臣阿拉维在北京代表两国政府共同签署了《中华人民共和国政府与阿曼苏丹国政府关于共同推进丝绸之路经济带与21世纪海上丝绸之路建设的谅解备忘录》。

◇ 20里亚尔上的苏哈尔港区

（正面）

（背面）

- 纸币
- 面额：20里亚尔（Rial Omani，OMR）
- 2020年版
- 尺寸：167毫米 ×76毫米

2020年，阿曼中央银行发行了面额为20里亚尔的纸币，纸币的正面主图是阿曼第十五任苏丹海赛姆·本·塔里格·阿勒赛义德肖像，其左侧是阿曼马斯喀特国际机场。背面图案为巴提纳高速公路、阿曼塞拉莱国际机场和苏哈尔港。

苏哈尔港是阿曼国家北部的著名港口。公元8世纪中叶，阿曼著名航海家奥贝德驾着双桅三帆木船“苏哈尔号”，依靠风力，在海上航行近万公里，终于抵达广州。他为中国带来亚麻、毛毯、金属制品及阿曼特产乳香；返航时，满载中国的丝绸、陶瓷、樟脑、麝香以及食用香料。“苏哈尔号”远航广州，成为阿拉伯国家和大唐王朝之间的海上贸易航道开辟的象征。《一千零一夜》中那篇《辛巴达航海旅行记》，便取材于奥贝德的这段经历。

习近平主席曾在《传承千年友好，共创美好未来》一文中提到上述这段历史，“1200多年前，阿拉伯航海家奥贝德从苏哈尔港出发到达中国广州，这段传奇经历被演绎成精彩的辛巴达历险故事，脍炙人口”。

2013年，中国港湾工程有限责任公司中标阿曼国际集装箱码头项目。项目完工后，苏哈尔港的吞吐量从2013年的80万标准箱增加87.5%，达到150万标准箱。中阿合作成为基础设施、数字化和经济特区三方面协同发展的范例。

◇ 10里亚尔上的乌韦纳清真寺壁龛

（正面）

（背面）

- 纸币
- 面额：10里亚尔
- 2020年版
- 尺寸：160毫米 ×76毫米

苏丹卡布斯大清真寺

阿曼的10里亚尔纸币主色调为褐色，正面主图是海赛姆·本·塔里格·阿勒赛义德肖像，左侧为苏丹卡布斯大清真寺。背面左侧图案为阿尔拜利德考古公园，右侧图案为乌韦纳清真寺的壁龛。

乌韦纳清真寺壁龛是阿曼国家博物馆的珍贵文物，距今有500多年历史。该壁龛内镶嵌有3件中国明代的青花瓷器，佐证了中国与阿曼早年通过海上丝绸之路开展贸易往来和文化交流的悠远历史。在阿曼国家博物馆，展陈着各种珍贵的中国古陶瓷藏品，见证了跨越时空的中阿民间友谊。

巴基斯坦

全称“巴基斯坦伊斯兰共和国”。南亚国家。位于南亚次大陆西北部，同中国、印度、阿富汗、伊朗相邻，南濒阿拉伯海。面积79.61万平方千米（未包括克什米尔“巴控区”）。人口2.36亿（2022年），其中有旁遮普人63%、信德人18%、帕坦人11%等。乌尔都语为国语，英语为官方语言。居民95%以上信伊斯兰教，少数信基督教、印度教、锡克教。首都伊斯兰堡。地势由西北向东南倾斜。全境五分之三为山地、丘陵和高原。北有喜马拉雅山脉，西北有兴都库什山脉，西和西南为俾路支高原。中东部为印度河中下游冲积平原，东南部有塔尔沙漠。属亚热带干燥和半干燥气候，气温普遍偏高，7月平均气温往往高于32℃，1月在7℃以上，但山地冬季寒冷。平原年降水量约75～500毫米，以夏雨为多；山地约1000毫米，以冬春为多。矿藏有铁、铬、煤、石油、天然气、铀等。

2017年5月14日至15日，中国在北京主办“一带一路”国际合作高峰论坛。高峰论坛期间及前夕，中国政府与包括巴基斯坦在内的有关国家政府签署政府间“一带一路”合作谅解备忘录。

◇ 巴基斯坦与中国友好交流年纪念币

（正面）

（背面）

- 纪念币
- 面额：20卢比（Pakistan Rupee，PKR）
- 2015年版
- 成色：铜镍合金
- 直径：27.5毫米
- 重量：10.9克

2015年，巴基斯坦国家银行发行了面额为20卢比的巴基斯坦与中国友好交流年纪念币，纪念币的正面图案是国徽、面额字样和麦穗，背面是中国、巴基斯坦的国旗图案。

2015年习近平主席首次出访的第一站就是巴基斯坦，在与巴基斯坦总理谢里夫举行会谈后，双方签署并发表了《中华人民共和国和巴基斯坦伊斯兰共和国关于建立全天候战略合作伙伴关系的联合声明》，见证了50多项双边合作文件的签署，涉及交通基础设施、能源、农业、贸易、金融、卫生、地方、媒体、海洋科学、教育等领域。[1]

2018年，习近平主席在会见正式访华并出席首届中国国际进口博览会的巴基斯坦总理伊姆兰·汗时指出，中巴全天候战略合作伙伴关系是在两国长期相互支持、密切合作中形成和发展起来的特殊友好关系，得到两国人民衷心拥护和支持。无论国际形势和两国国内发生什么变化，中巴关系始终保持旺盛生命力，不断发展壮大。中巴合作不仅造福两国人民，也促进了地区和世界和平、稳定、发展。[2]

---

[1] 《习近平同巴基斯坦总理谢里夫举行会谈　双方决定将中巴关系提升为全天候战略合作伙伴关系》，新华网，2015年4月21日。

[2] 《习近平会见巴基斯坦总理伊姆兰·汗》，新华网，2018年11月2日。

◇ 巴基斯坦和中国建交70周年纪念币

（正面）

（背面）

- 纪念币
- 面额：70卢比
- 2021年版
- 成色：铜镍合金
- 直径：30毫米
- 重量：13.5克

2021年，巴基斯坦国家银行发行了面额为70卢比的巴基斯坦与中国建交70周年纪念币，纪念币的正面是国徽和面额字样，以及麦穗的图案，背面是“1951—2021”和“70”的艺术字样。

2021年5月21日是中国和巴基斯坦建交70周年纪念日，巴基斯坦总统阿里夫·阿尔维在位于伊斯兰堡的总统府接受驻巴媒体集体采访时表示，巴基斯坦与中国在过去70年间，相互帮助，彼此学习，在各方面都取得了长足的进步。阿尔维说：“在过去的岁月中，我们两国都取得了巨大的进步。我们互相学习，在许多领域共同合作。我至今还记得巴基斯坦将芒果送给毛泽东主席，毛泽东主席又将这个芒果作为巴基斯坦的礼物展示给中国人民。这是能够展现我们两国友谊的许多个故事中的一个。而在过去二十年，巴基斯坦也在多个层面从中巴合作中受益。比如，从‘一带一路’倡议到中巴经济走廊合作，还有在如何消除贫困，如何吸引外国投资，如何让人民参与决策，如何在基层政治中转型，我们都在向中国学习。”[1]

习近平主席就中巴建交70周年与巴基斯坦总统阿尔维互致贺电。习近平在贺电中指出，中国和巴基斯坦是全天候战略合作伙伴，在涉及彼此核心利益和重大关切问题上相互坚定支持。两国互信和友谊历经70年国际风云变幻考验，始终坚如磐石。近年来，在双方共同努力下，中巴经济走廊建设取得显著成效，给两国人民带来重要福祉，为地区繁荣增添强劲动力。新冠肺炎疫情面前，中国和巴基斯坦患难与共、真诚互助，两国“铁杆”情谊得到进一步升华。[2]

[1] 《巴基斯坦总统阿尔维：中巴建交70年　两国互相学习 共同成长》，央视新闻，2021年5月21日。

[2] 《习近平同巴基斯坦总统阿尔维就中巴建交70周年互致贺电　李克强同巴基斯坦总理伊姆兰互致贺电》，《人民日报》2021年5月21日。

哈萨克斯坦

全称“哈萨克斯坦共和国”。亚洲中部内陆国。西临里海，与俄罗斯、中国、吉尔吉斯斯坦、乌兹别克斯坦、土库曼斯坦接壤。面积272.49万平方千米，为世界最大的内陆国。人口1962万（2022年），主要为哈萨克人和俄罗斯人，余为乌克兰人、德意志人、鞑靼人、乌兹别克人及白俄罗斯人等。哈萨克语为国语，通用俄语。居民半数以上信伊斯兰教。首都阿斯塔纳。全境以中、东部哈萨克丘陵为主体，海拔一般300～500米；最北部为平原，东缘多山地。温带干旱和半干旱气候，北部年降水量300毫米，中、南部100～200毫米。约五分之三国土为荒漠和半荒漠地带。山地多冰川。主要河流有额尔齐斯河、乌拉尔河、锡尔河等。多咸水湖。矿产丰富，有铜、铅、锌、锰、铬、钨、铁、煤、石油、天然气、铝土、铀等。

2013年9月7日，习近平主席在哈萨克斯坦纳扎尔巴耶夫大学发表题为《弘扬人民友谊　共创美好未来》的重要演讲，首次提出共建“丝绸之路经济带”重大倡议，哈萨克斯坦因此成为“一带一路”首倡之地。

2014年12月14日，李克强总理同哈萨克斯坦总理马西莫夫在阿斯塔纳总理府出席签字仪式，共同签署中哈总理定期会晤联合公报。在双方总理的见证下，中国国家发展改革委主任徐绍史与哈国民经济部部长多萨耶夫共同签署了《中华人民共和国国家发展和改革委员会与哈萨克斯坦共和国国民经济部关于共同推进丝绸之路经济带建设的谅解备忘录》。

◇ 20000坚戈上的总统府

（正面）

（背面）

- 纸币
- 面额：20000坚戈（Tenge，KZT）
- 2013年版
- 尺寸：155毫米 ×79毫米

QAZAQSTAN ULTTYQ BANKI
20000
20000
AA29928665
JIYRMA MYŃ
TEŃGE
MӘҢГІЛІК ЕЛ
AA29928665

（正面）

（背面）

- 纪念钞
- 面额：20000坚戈
- 2021年版
- 尺寸：155毫米 ×79毫米

哈萨克斯坦总统府

2013年，哈萨克斯坦国家银行发行了面额为20000坚戈的纸币。纸币的正面图案采用竖向设计，印有“哈萨克耶勒”纪念碑和“永恒之国”凯旋门图像，以及哈萨克民间图案“巴斯库尔”等。纸币的背面主图是总统府。

2021年，哈萨克斯坦为庆祝国家独立30周年，由哈萨克斯坦国家银行发行面额为20000坚戈的纪念钞，正面为竖向设计，印有首任总统纳扎尔巴耶夫的肖像、独立30周年标志、哈萨克斯坦共和国国徽、4只和平鸽、“哈萨克耶勒”纪念碑和“永恒之国”凯旋门图像。背面图案是纳扎尔巴耶夫头像和总统府全景图，背景轮廓是哈萨克斯坦全境地图，还印有醒目的“30”字样。

哈萨克斯坦独立后，于1997年作出首都由阿拉木图迁往阿斯塔纳[1]的决定。

印在这两种纸币背面的总统府，是阿斯塔纳新市区的首批建筑精品之一。其独特的建筑设计要求吸引了来自全球十多个国家的顶尖设计专家参与，设计中融入了哈萨克民族元素和东西方建筑风格。

新疆野马集团有限公司、山东奔速电梯有限公司等中国企业参与了总统府的建设，并带动了更多中国企业走进欧亚大陆腹地。

2022年9月14日，习近平主席在努尔苏丹总统府接受哈萨克斯坦总统托卡耶夫授予“金鹰”勋章。“金鹰”勋章是哈萨克斯坦最高荣誉，旨在表彰为哈萨克斯坦国家建设和对外友好关系作出重大贡献的人士。哈萨克斯坦总统托卡耶夫在授勋辞中提到，习近平主席提出共建“一带一路”和构建人类命运共同体的伟大倡议，为推动建设新型国际关系作出杰出贡献。[2]

[1] 阿斯塔纳原名阿克莫拉，1998年更名为阿斯塔纳，2019年3月更名为努尔苏丹，2022年9月17日再次更名为阿斯塔纳。

[2] 《习近平接受哈萨克斯坦总统托卡耶夫授予“金鹰”勋章》，国家国际发展合作署网站，2022年9月15日。

◇ 哈萨克斯坦和中国建交30周年纪念币

（正面）

（背面）

- 纪念币
- 面额：100坚戈
- 2022年版
- 成色：铜镍合金
- 直径：33毫米
- 重量：15克

2022年，为庆祝哈萨克斯坦与中国建交30周年，哈萨克斯坦国家银行发行面额为100坚戈的纪念币，纪念币正面是哈萨克斯坦国徽和“100坚戈”字样，背面图案是两国国徽，并且用中哈两国文字写着：建立外交关系30周年。

1992年1月，中国和哈萨克斯坦正式建交。2019年9月，中哈两国一致决定，本着同舟共济、合作共赢的精神，发展中哈永久全面战略伙伴关系。两国也是首批签署共建“一带一路”双边合作文件并深入开展共建“一带一路”合作的国家。建交以来，中国与哈萨克斯坦实现了从友好关系到永久全面战略伙伴关系的跨越式发展，成为睦邻友好的典范之一。在错综复杂的国际环境中，中哈交往也为不同国家与文明的相处提供了借鉴。《中华人民共和国和哈萨克斯坦共和国建交30周年联合声明》中提到，当代中哈关系具有以下特点：高水平政治互信；各层级各领域密切交往；在涉及彼此关切的重大问题上相互支持和协调；建立起基于国家利益和优先发展方向的坚实条约法律基础；密切的人员往来与人文交流。进入新阶段，双方愿秉持相互尊重、睦邻友好、同舟共济、互利共赢的精神，进一步加强双边对话，精心打造双边关系下一个“黄金30年”。

2022年1月25日，习近平主席在中国同中亚五国建交30周年视频峰会上讲了一个暖心的小故事：“在陕西支援抗击疫情的哈萨克斯坦小伙马文轩的一句‘我是外国人，但不是外人’，感动了无数中国人。”马文轩来自哈萨克斯坦，是陕西中医药大学针灸推拿学专业研究生。在疫情防控中，马文轩说：“我是外国人，但不是外人！”他成为所在社区的一名志愿者，身体力行，积极投身这场没有硝烟的战役，主动参与到疫情排查、宣传引导、爱心帮助等防控工作之中。核酸检测时，马文轩负责录入信息，并协助医务人员进行采样工作；在政府发放免费物资时，马文轩又积极与志愿者团队一起卸车、装货，并将物资及时送到小区的每一户。[1]

[1] 《哈萨克斯坦留学生马文轩：“我是外国人，但不是外人！”》，中央广电总台国际在线，2022年1月5日。

吉尔吉斯斯坦

全称“吉尔吉斯共和国”。亚洲中部内陆国。与中国、哈萨克斯坦、乌兹别克斯坦、塔吉克斯坦接壤。面积19.99万平方千米。人口680万（2022年），吉尔吉斯人占72.8%，俄罗斯人占6.2%，余为乌兹别克人和乌克兰人等。吉尔吉斯语为国语，通用俄语。居民多信伊斯兰教。首都比什凯克。全境多山地，半数以上地区海拔1000～3000米，东北部为天山山脉西段，西南部为帕米尔—阿赖山脉，西南部和北部有低地分布。高山常年积雪，多冰川。温带大陆性气候，年降水量200～800毫米。锡尔河上游纳伦河横贯全境，富水力。东北部伊塞克湖为著名内陆高山湖。矿藏有煤、铁、汞、锑、石油、天然气等。

吉尔吉斯斯坦是最早支持和参与“一带一路”建设的国家之一。

◇ 100索姆上的托克托古尔水电站

（正面）

- 纸币
- 面额：100索姆（Som，KGS）
- 2016年版
- 尺寸：131毫米 ×63毫米

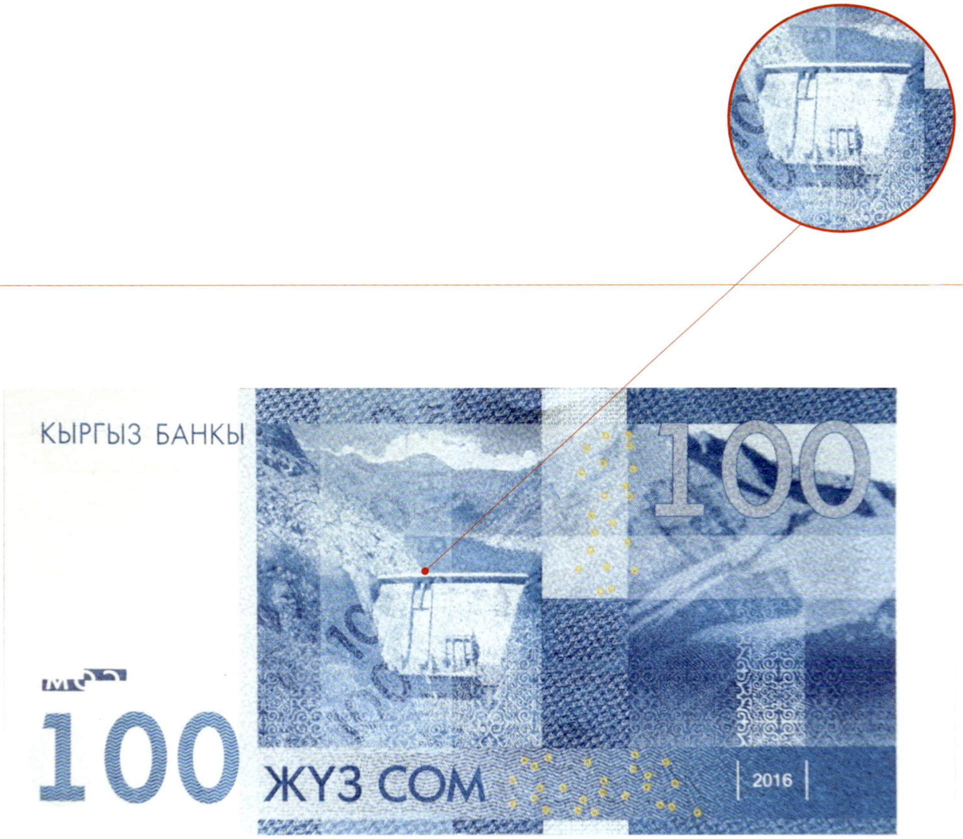

（背面）

2016年，吉尔吉斯斯坦国家银行发行了面额为100索姆的纸币，纸币的正面图案是吉尔吉斯斯坦诗人托克托古尔·萨特尔干诺夫的肖像，背面印有托克托古尔水电站大坝。

托克托古尔水电站位于吉尔吉斯共和国纳伦河上，1965年动工，1978年建成。

因为运行多年，设施故障，水电站曾数次发生大面积停电事故。后由亚洲开发银行提供贷款，吉尔吉斯斯坦启动水电站维修改造。多家中国企业参与项目或为项目提供设备。

柬埔寨

全称“柬埔寨王国”。东南亚国家。位于中南半岛东南部，与泰国、老挝、越南毗邻，西南临泰国湾。面积18.1万平方千米。人口1677万（2022年），高棉人占80%，余为占人、库伊人、普农人、老挝人、泰人等，还有华人。官方语言为高棉语。93%以上居民信佛教。首都金边。东、北、西三面为高原和山地环绕，中部和南部为湄公河下游平原和洞里萨湖平原。东部属长山山脉；北有扁担山脉；西南有豆蔻、象山山脉，豆蔻山脉主峰奥拉山，海拔1813米，为全国最高峰。热带季风气候，月平均气温介于24℃（12月）至30℃（4月）之间，年降水量2000毫米，西南山地可达5000毫米。5—10月为雨季，11月至次年4月为干季。森林覆盖率61.4%，盛产柚木、铁木、紫檀、黑檀等贵重木材。矿藏有金、磷酸盐、宝石和石油等。

2016年10月13日下午，习近平总书记对柬埔寨进行国事访问期间，在中柬两国元首共同见证下，中国国家发展改革委主任徐绍史代表中国政府与柬埔寨政府代表、财政与经济部大臣安蓬·莫尼拉签署了《中华人民共和国和柬埔寨王国关于编制共同推进“一带一路”建设合作规划纲要的谅解备忘录》。

◇ 柬埔寨和中国建交60周年纪念钞（币）

（正面）

- 纪念钞
- 面额：2000瑞尔（Riel，KHR）
- 2018年版
- 尺寸：147毫米 ×68毫米

（背面）

2018年，为纪念柬埔寨与中国建交60周年，柬埔寨国家银行特别发行纪念钞和纪念币，以此特殊形式，纪念两国友谊岁月，展望两国人民世代友好的美好前景。

纪念钞以2007年版流通钞为原型，正面主图案为柬埔寨柏威夏寺，左侧印有柬埔寨语“柬中60周年”字样；背面图案为柬埔寨人民丰收景象及世界文化遗产吴哥窟，右侧印有“建交钞，热烈庆祝柬中建交六十周年”字样。

纪念币共五种面额，分别为：100瑞尔、200瑞尔、3000瑞尔、30000瑞尔、

（正面）

（背面）

- 纪念币
- 面额：100瑞尔
- 2018年版
- 成色：三色铜（铜镍合金、黄铜、青铜）
- 直径：32.2毫米
- 重量：18克

1000000瑞尔。正面图案为吴哥窟建筑群，还印有英文“柬埔寨王国”和面额字样，背面图案为吴哥窟和长城，两者都是世界名胜古迹，都被联合国教科文组织列入世界文化遗产。背面还印有“60”的花环数字，以及“1958—2018”字样和英文“60TH ANNIVERSARY OF DIPLOMATIC RELATIONSHIP BETWEEN CHINA AND CAMBODIA”字样。

中国和柬埔寨都是拥有灿烂历史的文明古国，两国人民的传统友谊源远流长。中国元朝官员周达观在《真腊风土记》中详实记载了吴哥王朝的繁荣和两国人民和睦相处的景象。1958年中柬建交开启了当代两国关系新篇章。由毛泽东主席、周恩来总理和西哈努克太皇等两国老一辈领导人共同缔造和精心培育的中柬友谊，经受了时间和国际风云变幻的考验，历久弥坚。[1]

1975年9月，西哈努克曾经写过一首歌——《我亲爱的第二祖国》，歌词大意是：

啊！中国是我亲爱的第二祖国，
正当我们遭受苦难的时候，
得到你们珍贵的友情。
亲爱的中国全力支持我们，
我们的前途充满光明。

啊！亲爱的中国人民，
你们毫不自私自利，
对待我们亲如一家，
紧密团结、共同反敌。

啊！光荣伟大的中国，
我向你致敬，

[1] 《构建中柬与澜湄国家命运共同体》，《经济日报》，2018年1月10日。

金边夜景

我衷心热爱你，

把你当作我的第二祖国！

2016年10月，习近平主席对柬埔寨的历史性访问开启了两国全面战略合作伙伴关系全面提质增速的新时代。

2018年7月19日，习近平主席与柬埔寨王国国王西哈莫尼互致贺电，庆祝两国建交60周年。习近平在贺电中指出，60年来，两国人民风雨同舟、守望相助，在涉及对方核心利益问题上始终相互支持、相互帮助，结下了深厚友谊。以和平共处五项原则为基础建立起来的中柬友好关系，历经岁月洗礼和国际风

云变幻的考验，愈发根深叶茂。我们高兴地看到，在新的时代条件下，两国关系又取得了新的长足发展，我同你实现互访，双方政治互信不断增强，“一带一路”合作成果显著，中柬全面战略合作伙伴关系的内涵不断丰富，为两国人民带来实实在在的利益，也为地区乃至世界和平发展作出积极贡献。我高度重视中柬关系发展，希望双方继续携手努力，弘扬传统友谊，深化互利合作，共同打造中柬具有战略意义的命运共同体，实现共同发展与繁荣。[1]

[1] 《习近平同柬埔寨国王西哈莫尼就中柬建交60周年互致贺电》，中国政府网，2018年7月19日。

卡塔尔

全称“卡塔尔国”。西亚国家。位于阿拉伯半岛东北岸卡塔尔半岛上。三面临波斯湾，南同阿拉伯联合酋长国和沙特阿拉伯接壤。包括附近小岛，面积11521平方千米。人口270万（2022年），卡塔尔人约占40%，其余为印度人、巴基斯坦人与东南亚人等。官方语言为阿拉伯语，通用英语。居民多信伊斯兰教。首都多哈。境内大部为平坦荒漠，南部多沙丘。最高海拔105米。气候干热，年降水量仅120毫米左右。石油和天然气资源丰富。

2014年11月3日，国家主席习近平在北京人民大会堂同卡塔尔埃米尔塔米姆举行会谈。会谈后，两国元首共同见证了“一带一路”、金融、教育、文化等领域合作文件的签署。

◇ 多种面额货币上的卢赛尔体育场

（正面）

- 纸币
- 面额：10里亚尔（Qatari Rial，QAR）
- 2020年版
- 尺寸：147毫米 ×69毫米

（背面）

2020年12月，卡塔尔中央银行发行面额为10里亚尔的纸币，纸币的正面是国旗、国徽和卡塔尔国家大清真寺入口拱门等图案，背面的图案是2022年卡塔尔世界杯的主体育场——卢赛尔体育场。

2022年11月，卡塔尔中央银行发行世界杯特别纪念钞，纪念钞的正面图案是卢赛尔体育场，背面图案是海湾球场，这两个球场分别承担了2022年世界杯的决赛和开幕式。

卢赛尔体育场位于首都多哈以北约15公里处。2016年，中国铁建国际集

（正面）

（背面）

- 纪念钞
- 面额：22里亚尔
- 2022年版
- 尺寸：152毫米 ×71毫米

卢赛尔体育场

团有限公司和卡塔尔 HBK 公司组成的联合体中标该项目，中国企业以总承包身份联合20多个国家的110家分包企业、7000多名中外建设者实施该项目，2021年9月30日主体工程完工。该项目获中国建筑装饰设计最高荣誉——中国国际空间设计大赛（中国建筑装饰设计奖）BIM 设计金奖。

科威特

全称“科威特国”。西亚国家。位于阿拉伯半岛东北部、波斯湾西北岸。与沙特阿拉伯、伊拉克相邻，同伊朗隔海相望。面积1.78万平方千米（包括附近岛屿）。人口427万（2022年），本国阿拉伯人占30%，余为邻近阿拉伯国家和印度、巴基斯坦等侨民。官方语言为阿拉伯语。居民85%信伊斯兰教。首都科威特城。大部地区是波状起伏的荒漠，仅有少数绿洲。北部有山地，西部有丘陵。气候干热，年降水量25～170毫米。无常年有水的河流、湖泊，饮水主要靠海水淡化和地下水。

科威特是最早同中国签署共建“一带一路”合作文件的国家。

◇ 5第纳尔上的中央银行新总部大楼

（正面）

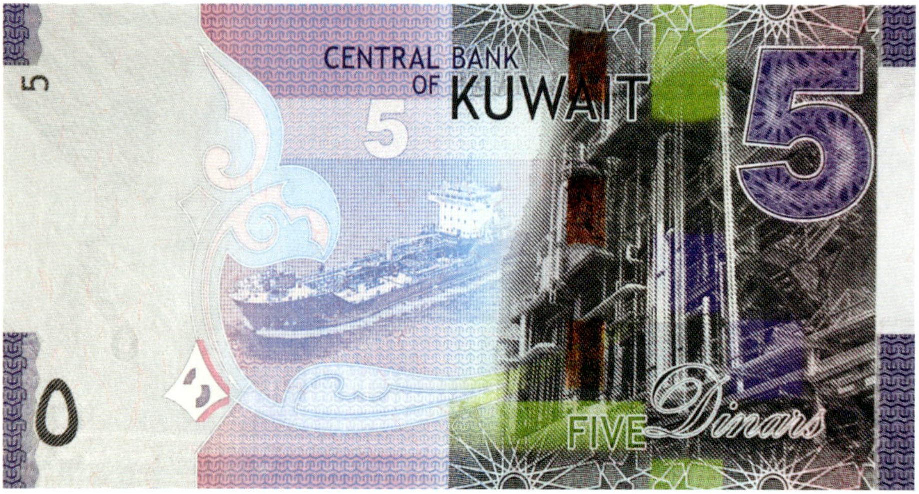

（背面）

- 纸币
- 面额：5第纳尔（Kuwaiti Dinar，KWD）
- 2014年版
- 尺寸：140毫米 ×68毫米

2014年，科威特中央银行发行了面额为5第纳尔的纸币，纸币的正面左侧图案是中央银行新总部大楼，右侧是一艘正在乘风破浪的科威特传统帆船。帆船是科威特人捕鱼采珠的传统工具，新建成的央行总部大楼则寓意海湾战争后科威特重建国家、实现现代化的决心。两者的结合，体现了科威特人不忘历史、努力创造未来的雄心壮志。纸币的背面图案是石油精炼厂和油轮。

纸币正面的科威特中央银行新总部大楼高约240米，始建于2008年，2017年交付使用，是当地一座引人注目的地标性建筑，由中国建筑工程总公司承建。这栋大楼采用阿拉伯建筑风格中的几何形状，远远望去形似一座金字塔。站在顶端完全用玻璃建造的观景平台，波斯湾美景一览无余。

由于科威特夏季炎热（6—9月的气温常常超过50℃），建设施工过程困难重重。天气炎热时，混凝土凝结很快，为保证施工质量，中国施工人员只能在晚上浇筑，同时加冰块降温，严格控制温度在30℃以下。即使在晚上值班，室外温度也有40℃，这无疑挑战着施工人员的体能极限。

2008年4月该项目开工时，这栋大楼是科威特在建的最高建筑物。2015年11月，该项目在阿联酋迪拜获“2015年中东海湾地区年度项目奖”，2016年5月，获MEED“2016年度房建项目科威特国最杰出建筑奖”。作为科威特的地标建筑，科威特中央银行新总部大楼建成后，对外开放，吸引着无数游客。

老　挝

全称“老挝人民民主共和国”。东南亚唯一内陆国。位于中南半岛北部，与中国、越南、柬埔寨、泰国、缅甸相邻。国土南北最长1050千米，东西最宽约500千米，面积23.68万平方千米。人口753万（2022年），通用老挝语。居民多信佛教。首都万象。山地、高原占全国面积80%，有“印度支那屋脊”之称。按地势高低，自北而南分为上寮、中寮、下寮三部分。上寮普比亚山海拔2820米，为全国最高峰。湄公河流经南北，沿岸平原为主要农耕地带。热带季风气候，月平均温度20～26℃，年降水量1200～3700毫米，5—10月是雨季，11月至次年4月是干季。森林覆盖率50%，产柚木、花梨木等名贵木材。有锡、铅、钾、铜、铁、金、石膏、煤等矿藏。

2016年9月8日，正在老挝进行正式访问的中国国务院总理李克强与老挝总理通伦举行会谈。会谈期间，在两国总理的共同见证下，中国国家发展改革委副主任何立峰代表中国政府，与老挝政府代表、计划与投资部部长苏潘签署了《中华人民共和国和老挝人民民主共和国关于编制共同推进“一带一路”建设合作规划纲要的谅解备忘录》。

◇ 20000基普上的休恩辛博恩水电站

（正面）

（背面）

- 纸币
- 面额：20000基普（Kip，LAK）
- 2020年版
- 尺寸：156毫米 ×67毫米

2020年，老挝人民民主共和国银行发行了面额为20000基普的纸币，纸币的正面印着老挝人民民主共和国原主席凯山·丰威汉的肖像，背面图案是休恩辛博恩水电站。

长期以来，中国水利水电企业在老挝南北的水利水电项目中铸下许多印记，让当地人民有实实在在的获得感。中国企业在经济效益、洪涝灾害防控、库区发展、移民村规划等方面为当地奉献了中国智慧和中国方案。

这枚2020年版纸币上的休恩辛博恩水电站位于南屯河流域的博利坎赛省和甘蒙省，是老挝经济发展进程中的重要水利项目。世界银行等国际组织为开发南屯河的水利资源，曾进行长期的调查论证。面临的突出挑战主要是环境保护和大量移民安置等问题。武汉长江控制设备研究所有限公司为休恩辛博恩3水电站提供的混流式机组，装机22万千瓦，是该企业“走出去”的典型工程。

◇ 5000基普上的万荣水泥厂

（正面）

（背面）

- 纸币
- 面额：5000基普
- 2020年版
- 尺寸：152毫米 ×68毫米

2020年，老挝人民民主共和国银行发行了面额为5000基普的纸币，纸币的正面图案是老挝人民民主共和国原主席凯山·丰威汉的肖像，背面是万荣水泥厂全景图。

老挝为了改变所用水泥完全依赖进口的困境，20世纪90年代初与中国云南国际经济技术合作公司友好协商，由老方出资，中方总承包，云南省建材局和普洱水泥厂承建，1994年万荣第一水泥厂建成投产。

2002年3月，中老双方合资建设的万荣第二水泥厂又落成投产，由此大大地缓解了老挝严重依赖进口水泥的局面。万荣水泥厂成了老中经济技术合作的样板工程，也体现出长期以来中国亲诚惠容的周边外交理念。

2002年、2003年、2020年版的5000基普纸币上都印着万荣水泥厂全景图案。

马尔代夫

全称“马尔代夫共和国”。南亚岛国。位于印度西南岸外的印度洋中。由19组珊瑚环礁的1200多个小岛组成，其中仅210个岛有居民。陆地面积298平方千米。人口52.38万（2022年），主要为马尔代夫人。官方语言为迪维希语。伊斯兰教为国教。首都马累。各岛地势低平，平均海拔仅1.2米。热带季风气候，炎热潮湿，各月平均温度约24～28℃，年降水量1800毫米。

2017年12月7日，国家主席习近平在人民大会堂同来华进行国事访问的马尔代夫总统亚明举行会谈。会谈后，两国元首共同见证了《中华人民共和国政府和马尔代夫共和国政府关于共同推进“一带一路”建设的谅解备忘录》《中华人民共和国政府和马尔代夫共和国政府自由贸易协定》以及经济技术、人力资源开发、海洋、环境、卫生、金融等领域双边合作文件的签署。

◇ 20卢菲亚上的国际机场

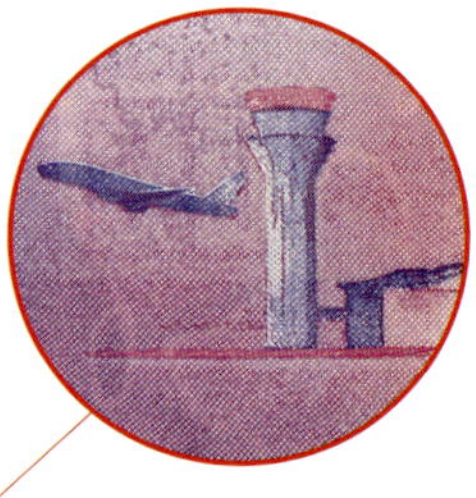

（正面）

- 纸币
- 面额：20卢菲亚（Rufiyaa，MVR）
- 2015年版
- 尺寸：150毫米 ×70毫米

20
TWENTY
RUFIYAA
MALDIVES
MONETARY
AUTHORITY
5 OCTOBER 2015
20
20
MALDIVES

（背面）

2015年，马尔代夫货币管理局发行了面额为20卢菲亚的纸币，纸币正面的右侧图案是当地渔民拎着刚刚收获的一条黄鳍金枪鱼和一条鲣鱼回家，左侧图案是一架客机从国际机场起飞，代表马尔代夫的工业和经济发展。右侧另印有一枚白贝齿。纸币的背面为竖向设计，图案为传统的多尼船以及岛屿和珊瑚礁的鸟瞰图。整张钞票以紫色为主色调。

维拉纳国际机场是该国唯一的国际机场[1]，位于首都马累岛东北部两公里处的机场岛。该机场也是马尔代夫的门户。

随着马尔代夫旅游业逐年发展，原来的机场规模饱和，不能够满足需要，急需扩建。多个国家先后为国际机场的改扩建提供了设计方案，最终北京城建集团与马尔代夫机场公司签订了国际机场改扩建项目合同，为该机场提供改扩建服务。

北京城建集团是中国国内机场建设领域的重要力量，承包马尔代夫国际机场改扩建项目是这家国企第一次走出国门，进入印度洋岛国填海造地。施工团队需要在机场岛周边海域新吹填出75万平方米陆地，平均吹填深度约6.3米。作为EPC总包单位，北京城建引领国内多家知名企业“抱团”走出国门，整合产业链协同发展，共组织一千多人高效推进国际机场改扩建项目。

施工团队要解决珊瑚礁地基不均衡沉降的问题和填海作业完成后海浪冲刷造成岸地流失的问题，更要面对过去多个国家在参与马尔代夫原有机场建设时遗留的技术标准不同的问题，还必须保证在改扩建施工期间，机场原有的老跑道每天不停航。

中国航空规划设计总院、中铁北京工程局、北京城建道桥建设集团、中交二航局第二工程有限公司等多家中国企业协同，依靠团队的分工合作和独立解决问题的科技创新能力，把机场改扩建过程中遇到的无数个“不可能”变成了印度洋上浓墨重彩的中国印迹。

---

[1] 1960年，瑚湖尔机场建成通航，该机场先后更名为马累国际机场、易卜拉欣·纳西尔国际机场。2017年1月起改称维拉纳国际机场。

2018年9月18日，新跑道上首次迎来空中“巨无霸”空客A380客机的降落。随后，新扩建的航站楼等地面上部工程紧锣密鼓地有序推进。

2021年11月4日，中国企业承建的国际机场改扩建项目下的西机坪改扩建工程交付并举行开通仪式，机场以水门仪式庆祝西机坪开通，标志着该项目停机坪工程全部正式投入使用。

马尔代夫是古代海上丝绸之路的重要一站。早在中国明代，中国航海家郑和就曾率领船队两度到达马尔代夫。至今，在首都马累的国家博物馆中还陈列着当地出土的中国古代瓷器和钱币，这些文物见证着两国友好往来的历史。

◇ 独立50周年纪念钞上的外交部大楼

（正面）

（背面）

- 纪念钞
- 面额：5000卢菲亚
- 2015年版
- 尺寸：164毫米 ×80毫米

2015年，马尔代夫货币管理局为国家独立50周年发行纪念钞，纪念钞的正面图案是首都马累海边建筑群，反映了马尔代夫独立50年来的发展历程，其中弧形建筑是外交部大楼。背面是“1965-2015”“50”等字样。

纪念钞上的外交部大楼是马尔代夫首都马累的标志性景观建筑，紧邻海岸线。该大楼于2005年由中国无偿援助重建。

2004年10月18日，上海建工集团的施工队伍进入现场、正式开工。此后不久，马尔代夫遭遇了南太平洋特大海啸的袭击，施工现场和员工生活区都受到巨大影响，大量施工材料被卷走，大多数施工设备遭海水浸泡，生活区墙倒屋塌。

在中国商务部、中国驻马尔代夫大使馆的帮助和指导下，中国援建项目组积极主动地开展生产自救，紧急采购施工材料、器材，在很短的时间里就恢复了生产秩序，保证了项目的施工进度。

2005年4月，中国外交部长李肇星访问马尔代夫时，马尔代夫外交部负责人陪同李肇星部长视察了建筑工地，马尔代夫外交部和施工与公共工程部的有关人员都给予了中国项目组高度评价，认为中国公司是马尔代夫境内最好的外国公司，并称赞这一工程创造了马尔代夫工程史上的奇迹。

2019年起，中国再度提供援助，帮助翻修大楼。中国建研院所属中技集团承接该建筑维修改造项目的勘察、设计、监理工作，上海建工集团负责施工。2021年7月15日，马尔代夫总统萨利赫、副总统费萨尔·纳西姆、外交部长沙希德亲临启用仪式现场，对中国施工队伍在新冠肺炎疫情的困难时期，帮助翻新大楼、提升功能，表达感谢之情。

马来西亚

东南亚国家。由马来半岛南部的西马和加里曼丹岛北部的东马组成。濒临马六甲海峡、南海、苏禄海与苏拉威西海；与泰国、文莱、印度尼西亚毗邻。面积约33万平方千米。人口3394万（2022年），马来人68.8%，华人23.2%，印度人7%，东马有伊班、卡达珊、碧达育等人。马来语为国语，通用英语，华语和泰米尔语也是主要语言。伊斯兰教为国教。首都吉隆坡。东、西马之间隔着南中国海。同处北纬1° ~7° 之间的赤道带，热带雨林气候和热带季风气候，全年高温多雨，月平均温度26~30℃，年降水量2000~3000毫米。东马来西亚的基纳巴卢山海拔4101米，为全国最高峰。森林覆盖率61.7%。有铁、金、钨、铝土等金属矿藏，沿海石油与天然气资源丰富。

2017年5月14日至15日，中国在北京主办"一带一路"国际合作高峰论坛。高峰论坛期间及前夕，中国政府与包括马来西亚在内的有关国家政府签署政府间"一带一路"合作谅解备忘录。

◇ 马来西亚和中国建交40周年纪念币

（正面）

（背面）

- 纪念币
- 面额：1林吉特（Ringgit，MYR）
- 2014年版
- 成色：铜镍合金
- 直径：30毫米
- 重量：8.5克

2014年，马来西亚中央银行发行了面额为1林吉特的中马建交40周年纪念币，这套纪念币共3枚，图案一致。纪念币正面的主体图案是马来西亚与中国的著名建筑——国油双峰塔与万里长城，正面下半部分则是马来西亚国旗和中国国旗。背面是马来西亚和中国的一些地标建筑剪影围绕着中间的40周年标识。

中马建交以来，双方相互理解、相互支持，树立了大小国家平等相待、互利共赢的典范。2014年5月31日，习近平主席同马来西亚最高元首哈利姆互致贺电，热烈庆祝中马建交40周年。

习近平在贺电中说，建交40年来，中马关系取得长足发展。两国政治互信不断增强，经贸、金融、基础设施、人文等领域合作成效显著，防务和执法安全合作成为新亮点。我愿同你一道，推动中马关系不断迈上新台阶。

哈利姆在贺电中说，马中关系40年来不断发展，双方各领域友好交流与合作蓬勃开展。马方相信，两国牢固的友谊一定能够继续得到加强，为本地区乃至世界的和平、安全与繁荣作出重要贡献。[1]

[1] 《习近平与马来西亚最高元首哈利姆互致贺电　庆祝中马建交40周年》，中国政府网，2014年5月31日。

孟加拉国

全称“孟加拉人民共和国”。南亚国家。位于南亚次大陆东北部。东、西、北三面同印度毗连，东南邻缅甸，南濒孟加拉湾。面积14.76万平方千米。人口1.71亿（2022年），孟加拉人占98%。孟加拉语为国语，英语为官方语言。88%居民信伊斯兰教，其次是印度教。首都达卡。大部分地区属于恒河和布拉马普特拉河下游冲积平原，南部形成广阔的三角洲；地形平坦，水道纵横，河运发达。沿海多小岛和沙洲。东南部和东北部有丘陵地带，海拔300～500米。属热带季风气候，温度高、雨量多、湿度大。年降水量大部地区约2000～3000毫米，东部和北部山地迎风坡5000～6000毫米。矿藏主要有天然气与煤。

2016年10月13日至17日，国家主席习近平对柬埔寨、孟加拉国进行国事访问，并出席在印度果阿举行的金砖国家领导人第八次会晤。10月14日，国家主席习近平在达卡同孟加拉国总理哈西娜举行会谈。会谈后，两国领导人见证了共建“一带一路”、产能合作、信息通信、能源电力、外交、海洋、防灾减灾、气候变化等领域多项双边合作文件的签署，并共同出席中孟重大合作项目揭牌仪式。

◇ 多种面额纪念钞上的帕德玛大桥

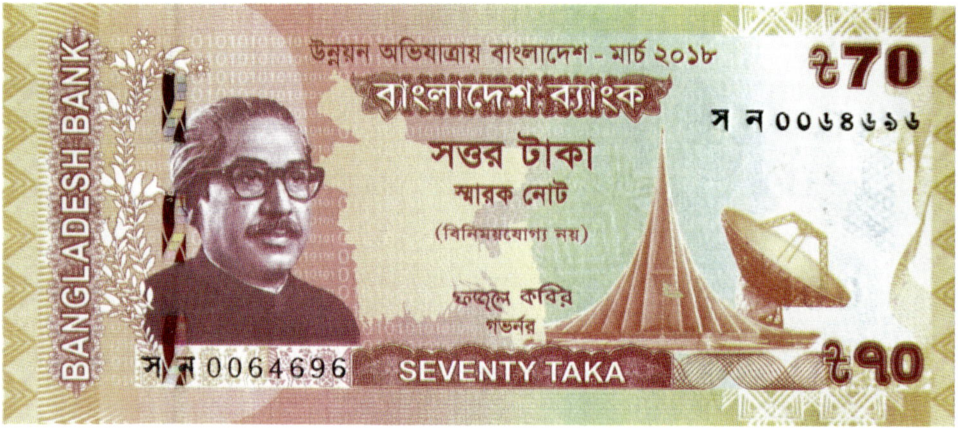

（正面）

（背面）

- 纪念钞
- 面额：70塔卡（Taka，BDT）
- 2018年版
- 尺寸：138毫米 ×61毫米

（正面）

（背面）

- 纪念钞
- 面额：100塔卡
- 2022年版
- 尺寸：146毫米 ×63毫米

孟加拉国繁忙的渡口

2018年，孟加拉国银行发行国家独立70周年纪念钞，纪念钞正面是孟加拉国第一任总统谢赫·穆吉布·拉赫曼肖像和国家纪念碑等图案，背面中间图案是建设中的帕德玛大桥，右边是穆吉布·拉赫曼之女、现任总理谢赫·哈西娜的肖像。

帕德玛大桥位于孟加拉国首都达卡西南方向约40公里处，横跨帕德玛河（恒河），距印度洋入海口150公里。帕德玛河一直以来是孟加拉国南北物流通道上的天然屏障，该河河床泥沙松软，桥桩附着力差，给桥梁的设计和施工带来巨大困难。

中国中铁大桥局集团有限公司于2014年6月中标帕德玛大桥主桥工程，2015年12月开始施工。该项目一举创下当时中国企业在海外承建的最大规模桥梁工程和世界最大规模河道整治项目纪录。这座大桥是连接中国与东南亚的泛亚铁路的重要通道之一，大桥采用双层钢桁梁结构，上层为四车道公路，下层是单线铁路，并预留了承载天然气及光缆等其他设备的管道线路。2021年8月29日，大桥公路桥面贯通。

2022年6月25日该桥举行开通仪式，孟加拉国银行为铭记这一历史性的事件，特别发行了以“帕德玛大桥——国家骄傲的象征”为主题的100塔卡纪念钞。纪念钞正面为谢赫·穆吉布·拉赫曼父女和帕德玛大桥。背面为帕德玛大桥的俯瞰图。

帕德玛大桥被当地居民称为“梦想之桥”。该桥的开通，使首都达卡和南部21个区的居民告别渡船往来的生活。

◇ 国内首条轻轨开通纪念钞

（正面）

（背面）

- 纪念钞
- 面额：50塔卡
- 2022年版
- 尺寸：130毫米 ×60毫米

2022年，孟加拉国银行发行了国内首条轻轨开通纪念钞，面额为50塔卡，纪念钞正面印有孟加拉国总理谢赫·哈西娜的肖像和在首都达卡运营的首条轨交线路的列车，背面图案是运营中的轻轨列车和轨道。

2022年12月28日，孟加拉国首条城市轻轨（6号线）在首都达卡正式通车，意味着孟加拉国迈入了电气化轨道交通时代，具有划时代的重要意义。孟加拉国总理谢赫·哈西娜出席该国首条轻轨线路开通仪式，并表示这是孟加拉国发展的一个里程碑，该轻轨的运行将极大缓解达卡的交通拥堵。与她一起首次乘坐列车的还有孟加拉国部长、外交官、各宗教团体代表及轻轨工作人员约200名乘客。

中国电建集团与泰国ITD组成联营体参建这一城市轨道交通项目的CP02标段，该段承担着轻轨6号线全线列车停放、日常保养、列检等任务，以及轻轨的运营中心与操作控制中心建设。中国施工项目工作人员与泰国合作伙伴克服设计变更和新冠肺炎疫情带来的不利因素，提前达到通车要求。日本、印度、意大利等多国共同投资建设了孟加拉国城市轨道建设项目。

缅　甸

全称“缅甸联邦共和国”。东南亚国家。位于中南半岛西北部，与中国、老挝、泰国、孟加拉国、印度为邻。南临安达曼海，西南滨孟加拉湾。面积67.66万平方千米。人口5418万（2022年），缅人占68%，余为掸、克伦及克钦、钦、克耶等人和华人及南亚国家侨民。缅语为国语。85%以上居民信佛教，余信伊斯兰教或基督教。1948年定仰光为首都。2005年11月首都由仰光迁至内比都。西部边境有那加丘陵和若开山脉，东部为掸邦高原，中部为伊洛瓦底江平原，南部有德林达依山脉。热带季风气候，1月平均气温20～25℃，4月25～30℃。年降水量由国境四周向内地递减，山地多雨区3000～5000毫米，内陆干燥区500～1000毫米。水利资源丰富，主要河流有伊洛瓦底江和萨尔温江。主要矿产有石油、天然气、锡、钨、锌、铝、锑、锰、金等。森林覆盖率45%。

2017年5月14日至15日，中国在北京主办“一带一路”国际合作高峰论坛。高峰论坛期间及前夕，中国政府与包括缅甸在内的有关国家政府签署政府间“一带一路”合作谅解备忘录。

◇ 1000元上的议会建筑群

（正面）

- 纸币
- 面额：1000元（Kyat，MMK）
- 2020年版
- 尺寸：150毫米 ×70毫米

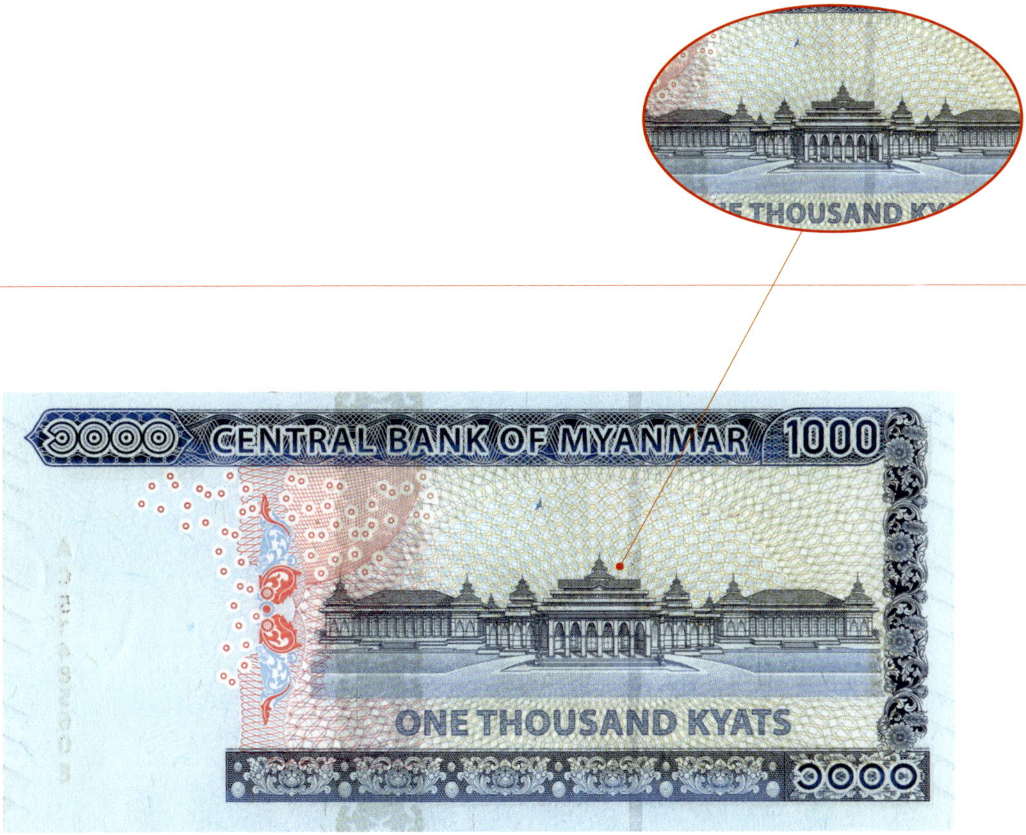

（背面）

2020年，缅甸中央银行发行面额为1000元的纸币，纸币颜色为浅蓝色，正面印有被称为“缅甸国父”的昂山的肖像，背面图案是缅甸议会建筑群。

2005年11月，缅甸政府决定从仰光迁都至内比都。刚迁都之时，新都的基础设施尚未完善，在缺乏资金和建筑材料的情况下，中国援建了缅甸首都一批建设项目。

印在纸币上的议会建筑群，是缅甸首都的地标，其内部装修工程由华商企业承揽，内部装饰完美地展示了当地的文化传统和习俗风格。装修历时三年，华商企业提前完成了合同约定的工程建设任务，保证了缅甸议会按时召开。

斯里兰卡

旧称“锡兰”。全称“斯里兰卡民主社会主义共和国”。南亚岛国。位于南亚次大陆南端东侧印度洋中，隔保克海峡与印度半岛相望。面积6.56万平方千米。人口2218万（2022年），僧伽罗人占74.9%，泰米尔人占15.4%，余为摩尔人、伯格人、马来人等。官方语言为僧伽罗语和泰米尔语，上层社会通用英语。居民70.2%信佛教，12.6%信印度教，少数信伊斯兰教或基督教。首都科伦坡。中部、南部多高原、山地，北部和沿海是平原。北部属热带草原气候，南部属热带雨林气候。西南部面迎季风，年降水量2500毫米以上；背风的北部和东部，年降水量1000毫米。矿藏有石墨、钛、锆石、宝石、云母等。森林覆盖率29%。

2014年12月9日，中国商务部副部长高燕和斯里兰卡财政计划部常秘贾亚桑德拉签署了关于在中斯经贸联委会框架下共同推进“21世纪海上丝绸之路”和“马欣达愿景”建设的谅解备忘录。

◇ 中国共产党建党100周年纪念币

（正面）

（背面）

- 纪念币
- 面额：1000卢比（Sri Lanka Rupee，LKR）
- 2021年版
- 成色：含金量91.6%
- 直径：25.4毫米
- 重量：12克

（正面）

（背面）

- 纪念币
- 面额：1000卢比
- 2021年版
- 成色：含银量92.5%
- 直径：38.61毫米
- 重量：28.28克

2021年，斯里兰卡中央银行为庆祝中国共产党成立100周年，发行金银纪念币各一枚。这是斯里兰卡中央银行自1950年成立以来，首次为外国政党诞辰铸造的贵金属纪念币。该纪念币的正面是中国援建的斯里兰卡国家表演艺术剧院建筑外景，铸有“2022年斯里兰卡—中国建交65周年”字样。背面用僧伽罗语、泰米尔语、英语写着“100　1921-2021　中国共产党”字样并标注面额。

斯里兰卡为中国共产党百年华诞发行金银纪念币，体现了斯里兰卡政府和人民对中国的深厚情谊。这也是外国银行发行的唯一一枚中国共产党百年诞辰纪念币。

20世纪50年代初期，中华人民共和国刚刚成立时，由于西方国家对中国实行禁运和封锁，中国的发展面临很大困难。此时，远在印度洋的斯里兰卡也面临着相似的困境：在美国的控制下，橡胶价格暴跌，大米价格上涨。这使得依赖橡胶出口和大米进口的斯里兰卡也出现了严重的经济困难。

1952年，在中斯两国都有强烈的开展双边贸易意愿的情况下，双方进行了多次贸易磋商，终于在12月18日达成中斯《关于橡胶和大米的五年贸易协定》(《米胶协定》)。自此，中斯间贸易往来快速发展，两国于1957年2月7日正式建交。协定的签署不仅开启了中斯两国在各领域的往来，也为新中国同其他南亚、东南亚国家开展贸易奠定了良好的基础。协定的签署和执行，是中国打破“封锁”“禁运”的一个标志性事件。

2022年2月17日，中共中央总书记习近平向中斯政党庆祝中斯建交65周年暨《米胶协定》签署70周年大会致贺信。贺信中特别指出，70年前，中斯冲破重重阻力，签署了具有历史意义的《米胶协定》，打开了两国友好交往的大门。建交65年来，两国始终相互尊重、团结互助，在涉及彼此核心利益的问

世界遗产 加勒古城

题上相互支持，中斯关系成为大小国家友好相处、互利合作的典范。新冠肺炎疫情发生后，中斯同舟共济、守望相助，传统友谊得到新的升华。

习近平强调，中国共产党同斯里兰卡主要政党保持友好往来，促进务实合作，为两国关系健康稳定发展发挥了重要作用，造福了两国人民。[1]

[1] 《习近平向中斯政党庆祝中斯建交65周年暨〈米胶协定〉签署70周年大会致贺信》，新华网，2022年2月17日。

◇ 20卢比上的科伦坡港区

（正面）

- 纸币
- 面额：20卢比
- 2015年版
- 尺寸：128毫米 ×67毫米

20
ශ්‍රී ලංකා මහ බැංකුව
இலங்கை மத்திய வங்கி
CENTRAL BANK OF SRI LANKA
රුපියල් විස්සයි
இருபது ரூபாய்
TWENTY RUPEES
20

（背面）

斯里兰卡科伦坡港区

2015年斯里兰卡中央银行发行的面额20卢比的纸币正面是科伦坡港口景象，纸币背面为竖向设计，印有一名维斯舞舞者和一名盖塔鼓鼓手，维斯舞是斯里兰卡民间早期神祭活动时表演的主要舞蹈。

科伦坡港作为世界性的港口已经有四百多年的历史，是连接欧亚、太平洋、印度洋的世界航线的重要中途港之一，也是斯里兰卡的第一大港，世界最大的人工港之一。中国交通建设集团有限公司在斯里兰卡深耕二十多年，给当地留下信誉、口碑和质量的深刻烙印。

中国交通建设集团有限公司投资建设运营的科伦坡港口城是斯里兰卡历史上外商投资单体规模最大的项目，也是中斯两国共建“一带一路”的合作典范。在助力科伦坡打造时尚都市的同时，吸引更多国际高端人才和游客，为当地民众带来约8.3万个就业机会。

科伦坡港口城也是中国企业首次在海外投资的集填海造地、土地开发、基建配套、城市运营于一体的大型城市综合体开发项目。

2014年9月17日，习近平主席和斯里兰卡总统一道为科伦坡港口城奠基揭幕、为开工剪彩。习近平主席走到中方建设者中间，勉励他们同斯方一起建设好这个21世纪海上丝绸之路重要枢纽。

2010年版、2015年版、2016年版的20卢比纸币上都印着该港区。

◇ 100卢比上的普特拉姆燃煤电站

（正面）

- 纸币
- 面额：100卢比
- 2015年版
- 尺寸：138毫米 ×67毫米

100
ශ්‍රී ලංකා මහ බැංකුව
இலங்கை மத்திய வங்கி
CENTRAL BANK OF SRI LANKA
රුපියල් සියයයි
நூறு ரூபாய்
ONE HUNDRED RUPEES
100

（背面）

狮子岩

2015年，斯里兰卡中央银行发行了面额为100卢比的纸币，纸币的正面是横向设计，印有斯里兰卡第一个大型燃煤电站普特拉姆燃煤电站全景图，背面是竖向设计，印有正在跳婆罗多舞的女舞者和魔力单根鼓鼓手。

纸币正面的普特拉姆燃煤电站位于斯里兰卡中北部沿海的卡尔皮提亚半岛上，在首都科伦坡以北130公里，是斯里兰卡建国后规模最大的工程建设项目，也是中斯两国最大的经济合作项目，被当地人民亲切地称为“维多利亚之光”。

该项目分为两期建设，一期1×30万千瓦工程在2007年8月开工，斯里兰卡总统拉贾帕克萨亲临开工典礼。2011年7月24日，提前半年移交。该项目投产后有效地缓解了斯里兰卡国内电力供应紧张的问题。工程二期2×30万千瓦在2014年9月16日正式建成启用，中国国家主席习近平和斯里兰卡总统拉贾帕克萨出席视频连线启用仪式并共同启动控制系统。

该项目由中国机械设备工程股份有限公司、中国电力建设集团所属河南第一火电建设公司历经8年建成，四千多名中国施工技术人员参与建设。这个项目提供了斯里兰卡整个电网需求的三分之一以上，为斯里兰卡快速发展提供强有力的能源支持。

2010年版、2015年版、2016年版、2020年版的100卢比纸币上都印着该电站。

塔吉克斯坦

全称“塔吉克斯坦共和国”。亚洲中部内陆国。与中国、乌兹别克斯坦、吉尔吉斯斯坦和阿富汗接壤。面积14.31万平方千米。人口995.3万（2022年），塔吉克人占80%，乌兹别克人占15.3%，余为俄罗斯人、鞑靼人等。塔吉克语为国语，通用俄语。居民多信伊斯兰教。首都杜尚别。全境十分之九以上为山地，约半数以上地区海拔在3000米以上。吉萨尔—阿赖山系横贯中部，西南有吉萨尔和瓦赫什谷地，东南为帕米尔高原一部分。索莫尼峰海拔7495米，为全国最高峰。高山常年积雪，多冰川。温带大陆性气候，年降水量150～700毫米。沙漠、草原、高山草甸占优势。大部属锡尔河和阿姆河流域，水力丰富。矿藏有褐煤、石油、天然气、铀、铅、锌、钨等。

2015年9月2日，国家主席习近平在北京钓鱼台国宾馆会见了塔吉克斯坦总统拉赫蒙。在双方元首见证下，国家发展改革委主任徐绍史作为中国政府代表与塔经济发展与贸易部部长希克马图洛佐达签署了双方政府间《关于编制中塔合作规划纲要的谅解备忘录》，明确了共同编制《中塔合作规划纲要》的总体框架和主要内容，双方将以共建丝绸之路经济带为契机，继续扩大和深化投资、贸易、产业、人文等各领域务实合作，共同推进中国—中亚—西亚经济走廊建设，促进双方共同发展繁荣。

◇ 上海合作组织成立20周年纪念币

（正面）

（背面）

- 纪念币
- 面额：10索莫尼 / 20索莫尼
  100索莫尼（Somoni，TJS）
- 2021年版
- 成色：含银量92.5%
- 直径：30毫米 / 33毫米 / 38.61毫米
- 重量：10克 / 20克 / 30克

（正面）

- 纪念币
- 面额：200索莫尼 / 500索莫尼
- 2021年版
- 成色：含银量92.5%
- 直径：50毫米 / 50毫米
- 重量：40克 / 50克

2021年，塔吉克斯坦国家银行发行了上海合作组织成立20周年纪念币，一套5枚，面额分别是10、20、100、200、500索莫尼，发行量为100套，十分珍稀。这套纪念币的正面是塔吉克斯坦国徽、货币面额以及成色标注。背

塔吉克斯坦山中的水电站

面图案都相同，是上海合作组织的会徽和8个成员国标识，并用中文标注了“上海合作组织”的字样。上海合作组织会徽主色调为绿色与蓝色，象征着该组织和平、友谊、进步与发展的宗旨。

2001年，中国、俄罗斯、哈萨克斯坦、吉尔吉斯斯坦、塔吉克斯坦和乌兹别克斯坦6国元首签署《上海合作组织成立宣言》，宣告一个全新的国际组织自此成立，开启了地区国家共谋稳定、共促发展的新征程。“一带一路”倡议提出以来，上合组织成员国坚持弘扬“互信、互利、平等、协商、尊重多样文明、谋求共同发展”的上海精神，坚持遵循共商、共建、共享的原则，共建“一带一路”取得了丰硕的成果。[1]

2021年6月，上合组织轮值主席国塔吉克斯坦总统拉赫蒙发表《上合组织20年：为了稳定与繁荣而合作》一文。他在文中写道，上合组织自成立伊始就作为权威的国际机构活跃在地区和世界舞台上，致力于构建公平的国际关系。经过20个春秋，上合组织已发展成最具影响力的新型国际组织之一，是讨论解决国际和地区热点问题具有影响力的平台。俗语有云患难见真情，在新冠疫情最严峻的时刻，上合组织成员国团结一致，互相支持，再次向世界展示出“上海精神”。事实证明，没有哪个国家可以单独应对时下的威胁与挑战，只有所有国家共同努力才能有效应对。[2]

2021年9月，习近平主席在上合组织成员国元首理事会第二十一次会议上发表讲话。他指出，“上海合作组织各国都处在发展关键阶段，应该发挥山水相邻、利益交融的独特优势，坚持开放合作导向，相互成就发展振兴的美好愿景。……共建‘一带一路’是各国共同发展的大舞台，我们要推动共建‘一带一路’倡议同各国发展战略及欧亚经济联盟等区域合作倡议深入对接，维护产业链供应链稳定畅通，促进各国经济融合、发展联动、成果共享”。[3]

---

[1] 《“上合组织”+“一带一路”取得了这些成绩》，中国商务部网站，2019年10月30日。

[2] 《塔吉克斯坦总统撰文庆祝上合组织成立20周年》，中国政府网，2021年6月16日。

[3] 《习近平在上海合作组织成员国元首理事会第二十一次会议上的讲话》，中国政府网，2021年9月17日。

◇ 罗贡水电站投产纪念币

（正面）

- 纪念币
- 面额：100索莫尼
- 2018年版
- 成色：含银量92.5%
- 直径：38.61毫米
- 重量：31.1克

（背面）

2018年，塔吉克斯坦国家银行发行了面额为100索莫尼的罗贡水电站投产纪念币，纪念币的正面是塔吉克斯坦国徽、货币面额以及成色标注，背面印有罗贡水电站和输电线图案。

作为“一带一路”沿线的古老明珠，塔吉克斯坦蕴藏着丰富的自然资源，是中亚名副其实的“水塔”及水电基地。该国属于温带大陆性气候，每到冬季，河流水位下降，发电量不足，经常出现严重的停电现象，电力紧缺时不得不从邻国高价买进。而到了夏季，电力富余时又只能低价卖出。为此，塔吉克斯坦提出了“水电兴国”的战略，把“确保能源独立”作为国家发展战略目标之一，加速大型水电站建设。

位于瓦赫什河上游的罗贡水电站是塔吉克斯坦最重要的能源项目，其意义相当于“三峡”之于中国。中国企业多年来在塔吉克斯坦参与了多个水电站、热电厂的技改和新建项目，深得当地政府和人民的信任。中国企业参与了罗贡水电站变配电设备的制造和安装工作，并派出专家团组在现场进行相关指导。

2018年11月16日，水电站第一台机组实现并网发电；2019年9月9日，第二台机组实现并网发电。塔吉克斯坦总统拉赫蒙都亲自参加启动仪式。

塔吉克斯坦不只是最早公开表态支持“一带一路”倡议的国家之一，还是最早加入亚洲投资银行的国家之一。此前，塔吉克斯坦政府制定了《至2030年塔国家发展战略》，该战略与“一带一路”倡议更好地对接，促进重大合作项目推进，扩大能源等领域的合作。塔吉克斯坦驻华大使达夫拉特佐达坦言，中国就像亚洲的“火车头”，拉动着友邻国家走向强盛，塔方希望罗贡水电站是这列车上的“明灯”，照亮“一带一路”在中亚前进的道路。[1]

[1] 《中塔两国电力合作前景广阔》,《中国能源报》2018年11月19日。

◇ 多种面额货币上的国家图书馆

（正面）

（背面）

- 纪念币
- 面额：500索莫尼
- 2014年版
- 成色：含银量92.5%
- 直径：38.61毫米
- 重量：31.1克

（正面）

（背面）

- 纸币
- 面额：200索莫尼
- 2021年版
- 尺寸：159毫米 ×64毫米

2014年，塔吉克斯坦国家银行发行了纪念杜尚别成为塔吉克斯坦首都90周年系列纪念币，面额都为500索莫尼，发行量为2000套。其中一枚纪念币的背面印有塔吉克斯坦国家图书馆。

2021年，塔吉克斯坦国家银行发行了面额为200索莫尼的纸币，纸币的正面是塔吉克斯坦国家奠基者努斯拉图洛·马赫苏姆的肖像，背面的图案是国家图书馆建筑全景。

塔吉克斯坦国家图书馆位于首都市中心的索莫尼广场，这座九层的白色大楼是当地人引以为豪的建筑，也是中塔友谊的象征。2012年正式开放。该建筑由塔吉克斯坦建筑师设计，是中建新疆建工集团第三建设工程有限责任公司承建的“交钥匙”工程，也是向塔吉克斯坦独立20周年的献礼工程。图书馆建筑面积约4.6万平方米，楼高56米，是一座现代化的图书馆，馆内设有5个多功能会议厅，其中有专门为塔总统准备的会客厅。在图书馆5楼有一间中国厅，由新疆师范大学捐赠，内部装饰采用了中国传统文化元素，里面存放有中国的历史地理、文化教育等各个方面的资料。

2012年3月，塔吉克斯坦总统拉赫蒙亲自参加了图书馆开幕式，并高度评价了图书馆建设质量。因为国家图书馆大楼是2007年9月4日奠基的，拉赫蒙总统就宣布9月4日为塔吉克斯坦读书日。

2010年版、2014年版、2018年版、2021年版的多面额法定货币上都印着这座首都地标建筑。

◇ 500索莫尼上的新总统府

（正面）

（背面）

- 纸币
- 面额：500索莫尼
- 2021年版
- 尺寸：162毫米 ×65毫米

2021年，塔吉克斯坦国家银行发行了面额为500索莫尼的纸币，纸币正面是诗人鲁达基肖像。背面的图案是塔吉克斯坦新总统府。

塔吉克斯坦新总统府是举行国家和国际重大会议、为来塔吉克斯坦进行正式访问的外国领导人举行欢迎仪式和正式会晤的庄严富丽的宫殿式场所，也被称为国家民族宫。

该建筑于2000年破土动工，2007年，黑龙江轩辕集团承担了这座国家地标建筑的总体装修工程，2008年8月在杜尚别举行上海合作组织峰会前夕竣工。塔吉克斯坦曾在这里多次接待上海合作组织成员国的国家元首和政府首脑。

2019年6月15日下午，习近平主席出席亚信峰会后，在这里的二层会谈厅与拉赫蒙总统进行会谈，这是习近平主席时隔五年再访塔吉克斯坦。这次访问的最大成果，是两国元首在会谈后签署了关于进一步深化全面战略伙伴关系的联合声明。在一层镜厅，习近平主席还接受拉赫蒙总统授予塔吉克斯坦国家最高勋章——“王冠勋章”。当天，两国元首还在总统府的仪式厅共同出席了中国援建塔吉克斯坦议会大楼及政府办公大楼项目模型揭幕仪式。

在访塔前的署名文章中，习主席写道，“历经千百年积淀，两国人民友谊如同巍峨屹立的帕米尔高原，不因风云变幻而动摇，不随时代变迁而改变”[1]。

[1] 《携手共铸中塔友好新辉煌——习近平在塔吉克斯坦媒体发表署名文章》，《国务院公报》2019年第18号。

土耳其

全称“土耳其共和国”。西亚国家。领土包括亚洲小亚细亚地区和欧洲巴尔干半岛东南角。北滨黑海，南濒地中海，西临爱琴海。陆疆同格鲁吉亚、亚美尼亚、阿塞拜疆、伊朗、伊拉克、叙利亚、保加利亚、希腊等国相邻。博斯普鲁斯和达达尼尔两海峡扼黑海到地中海通道。面积78.36万平方千米（其中亚洲领土占总面积97%，欧洲领土占3%）。人口8534万（2022年），80%以上是土耳其人，余为库尔德人等。土耳其语为国语。居民99%信伊斯兰教。首都安卡拉。中西部为安纳托利亚高原，有幼发拉底河和底格里斯河上游流贯。边缘环绕托罗斯山脉、庞廷山脉等，最高点为国土东端的大阿勒山，海拔5165米。沿海有狭窄平原。沿海地区属地中海式气候，年降水量600～1000毫米；内地向亚热带草原、沙漠气候过渡，年降水量200～400毫米。矿藏丰富，大理石、铬、硼、汞的储量居世界前列，还有煤、铁、石油、铜、锑、锌、锰、铅等。

2015年11月14日，国家主席习近平在土耳其安塔利亚会见土耳其总统埃尔多安。会见后，两国元首共同见证了关于共推“一带一路”建设的谅解备忘录，以及基础设施、进出口检验检疫等领域合作协议的签署。

◇ 1915恰纳卡莱大桥通车纪念币

（正面）

（背面）

- 纪念币
- 面额：1里拉（Turkish Lira，TRY）
- 2022年版
- 成色：铜镍合金
- 直径：26.15毫米
- 重量：8.2克

2022年，土耳其中央银行发行了面额为1里拉的1915恰纳卡莱大桥通车纪念币，纪念币的正面是新月和星图案、面额以及年号，背面是1915恰纳卡莱大桥、新月和星的图案。

土耳其1915恰纳卡莱大桥是一座跨越马尔马拉海西端达达尼尔海峡的双塔三跨悬索桥，连接欧亚两洲。

中国四川蜀道集团所属四川路桥建设集团有限公司中标该大桥的钢箱梁安装工程。派出的专业施工队伍分为缆载吊机组、吊杆张拉组、临时连接组、卷扬机组、切割组、螺栓紧固组、HSE（健康、安全、环境）组、加油组等，各施工队伍有条不紊，精准协同，连续奋战，为大桥的顺利合龙提供了关键技术保障。

上海奥盛集团旗下浦江国际集团有限公司为该桥提供当代世界最先进的桥梁缆索新材料和新技术，承担钢梁缆索的制造任务。桥体抗风试验也是在中国完成的。

2022年3月18日建成通车时，土耳其总统埃尔多安在通车仪式上说，该桥为土耳其经济发展和创造就业作出贡献，通车后将在节能减排和时间成本收益方面每年为土耳其节省约4.15亿欧元。

乌兹别克斯坦

全称“乌兹别克斯坦共和国”。亚洲中部内陆国。与哈萨克斯坦、吉尔吉斯斯坦、塔吉克斯坦、土库曼斯坦和阿富汗毗邻。面积44.74万平方千米。人口3565万（2022年），乌兹别克人占78.8%，余为俄罗斯人、塔吉克人、哈萨克人和鞑靼人等。乌兹别克语为国语，通用俄语。居民多信伊斯兰教。首都塔什干。东部属天山山系和吉萨尔—阿赖山系的西缘，山脉之间分布有费尔干纳盆地、泽拉夫尚谷地等；中部和西部是图兰低地，沙漠广布。平原地区气候干燥，夏季炎热，年降水量80～200毫米。山区较湿润，年降水量可达1000毫米。全境属内流区，主要有阿姆河、锡尔河及其支流，富灌溉之利。西北边境有咸海。矿藏有天然气、石油、褐煤、金、铀、铜、铅、锌、钨、钼等。

2015年6月15日，中国—乌兹别克斯坦政府间合作委员会第三次会议在山东日照举行。其间，在委员会中方主席、中共中央政治局委员、中央政法委书记孟建柱和委员会乌方主席、乌兹别克斯坦第一副总理阿济莫夫的共同见证下，商务部国际贸易谈判代表兼副部长钟山与乌兹别克斯坦对外经济关系、投资和贸易部部长加尼耶夫共同签署了《关于在落实建设“丝绸之路经济带”倡议框架下扩大互利经贸合作的议定书》。

◇ 100000苏姆上的希瓦古城

（正面）

- 纸币
- 面额：100000苏姆（Uzbekistan Sum，UZS）
- 2021年版
- 尺寸：153毫米 ×69毫米

（背面）

2021年，乌兹别克斯坦中央银行发行新版流通纸币，最大面额100000苏姆纸币的正面印着希瓦古城新貌，纸币的背面是古遗址、古钱币、古陶器等图案。

始建于公元10世纪的希瓦古城坐落在花刺子模州阿姆河下游的希瓦绿洲中，被誉为“中亚明珠”“太阳之国”，1990年被列入联合国教科文组织世界文化遗产名录。

2013年习近平主席访问乌兹别克斯坦时，与乌兹别克斯坦总统卡里莫夫签署《中乌关于进一步发展和深化战略伙伴关系的联合宣言》《中乌友好合作条约》，中乌双方共同决定在希瓦古城开展历史文化遗迹保护修复合作。

中国文化遗产研究院派出的文物修复和保护科技团队在当地工作多年，采取地质雷达探测、三维激光扫描、无人机摄影等先进技术手段，坚持以当地的“原材料、原工艺、原形制、原做法”修复希瓦古城。并且在修复古城过程中，为当地培养了一批文物保护技术人员，促进了希瓦旅游业和经济社会的发展。中国团队的工作成果受到联合国教科文组织代表的高度赞扬和充分肯定。

2022年9月13日，在应邀对乌兹别克斯坦进行国事访问并出席上海合作组织成员国元首理事会第二十二次会议前夕，习近平主席在乌兹别克斯坦国家通讯社等媒体发表了署名文章《携手开创中乌关系更加美好的明天》。习近平主席写道：“我2013年访问撒马尔罕时启动的希瓦古城历史古迹保护修复项目已经圆满竣工，让希瓦这座古城更加绚烂夺目。”[1]

[1] 《习近平在乌兹别克斯坦媒体发表署名文章》，新华网，2022年9月13日。

希瓦古城

印度尼西亚

全称“印度尼西亚共和国”。东南亚最大国家，世界最大群岛国。与巴布亚新几内亚、东帝汶、马来西亚接壤；与中国、泰国、新加坡、菲律宾、澳大利亚等国隔海相望。国土分布在太平洋与印度洋之间的17508个岛屿上，其中6044个岛屿上有居民。包括大巽他、努沙登加拉、马鲁古等群岛及新几内亚岛西部，南北两端距离1888千米，东西绵延5110千米，面积190.44万平方千米。人口2.76亿（2022年）。有100多个民族，其中爪哇人占45%，巽他人占14%，马来人占7.5%，马都拉人占7.5%，其他占26%。印度尼西亚语为国语。87%居民信伊斯兰教，余信基督教新教、天主教、印度教、佛教等。首都雅加达。各岛地形以山地和丘陵为主，巴布亚（旧称“伊里安查亚”）的查亚峰海拔5029米，为全国最高峰。共有400多座火山（其中活火山77座），为世界火山活动最多地区之一，地震频繁。大部属热带雨林气候，常年炎热多雨；平原各月平均气温25～27℃，年降水量2000～4000毫米；爪哇东部和努沙登加拉群岛年降水量在2000毫米以下。森林覆盖率54.3%，产铁力木、檀木、乌木、柚木等贵重木材。矿藏以石油、天然气、锡、镍、煤为主，并有铀、铜、锰、铬、铝土等。

2013年10月，习近平主席在印度尼西亚国会发表演讲时首次提出共建“21世纪海上丝绸之路”的倡议，印度尼西亚因此成为“21世纪海上丝绸之路”首倡之地。

2018年10月，中国和印度尼西亚签署了推进“一带一路”和“全球海洋支点”建设的谅解备忘录。

◇ 独立75周年纪念钞上的城市轨道交通

（正面）

（背面）

- 纪念钞
- 面额：75000卢比（Rupiah，IDR）
- 2020年版
- 尺寸：152毫米 ×65毫米

2020年8月17日，印度尼西亚央行为纪念独立75周年发行纪念钞。纪念钞正面印着开国总统苏加诺（左）和副总统哈达（右）的肖像，以及国家在现代化建设进程中的成果——雅加达MRT城市轨道交通、尤特法（Youtefa）大桥等；纸币背面是以印度尼西亚为视觉中心的地球图案，以及身着不同民族服饰的青少年群像等。

印度尼西亚发展城市轨道交通事业的历程中，烙铸着与多家中国企业合作互利的印记。2018年，中国电建集团国际工程有限公司启动雅加达城市轻轨EPC项目。2021年6月，安徽海螺川崎装备制造有限公司为雅加达地铁专门制造的盾构机下线并运往印度尼西亚。

欧洲

EUROPE

◎ 白俄罗斯

◎ 波　兰

◎ 俄罗斯

◎ 克罗地亚

◎ 罗马尼亚

白俄罗斯

全称“白俄罗斯共和国”。旧译“别洛露西亚”。欧洲中部内陆国。分别与俄罗斯、乌克兰、波兰、立陶宛和拉脱维亚接壤。面积20.76万平方千米。人口921万（2022年），白俄罗斯人占81.2%，俄罗斯人占11.4%，余为波兰人、乌克兰人等。官方语言为白俄罗斯语和俄语。居民多信正教。首都明斯克。地处东欧平原，北半部低缓冰碛丘陵与平原相间，南半部为低地。明斯克高地呈东北—西南走向横贯中北部，为波罗的海和黑海水系的分水岭，最高点海拔

346米。温带大陆性湿润气候，年降水量550～700毫米。河网稠密，西德维纳河、涅曼河、第聂伯河上游流贯境内。湖泊和沼泽广布。森林覆盖率39%，以针阔混交林为主。矿藏有泥炭、钾盐、岩盐、磷灰石等。

2014年12月22日，中国商务部国际贸易谈判代表兼副部长钟山与白俄罗斯经济部长斯诺普科夫在北京签署了《中国商务部和白俄罗斯经济部关于共建“丝绸之路经济带”合作议定书》。

◇ 中白巨石工业园纪念币

（正面）

（背面）

- 纪念币
- 面额：20卢布（Belarussian Ruble，BYN）
- 2020年版
- 成色：含银量92.5%
- 直径：50毫米
- 重量：33.63克

在白俄罗斯明斯克州的中白巨石工业园，入口处的标志性巨石格外引人注目。“巨石”是白俄罗斯总统卢卡申科为中白工业园所取的名字，寓意“中白两国人民友好的基石”。

2015年5月12日，中国国家主席习近平和白俄罗斯总统卢卡申科视察中白巨石工业园，成为园区发展重要的里程碑。当天，两国元首见证了第一批8家入园企业注册入园，指示要把中白工业园建设成为丝绸之路上的标志性工程，并期待中白工业园尽快见到实效。从此，中白工业园全面启动园区开发，进入了实质性建设发展阶段。[1]

2020年4月，白俄罗斯国家银行专为中国国家主席习近平和白俄罗斯总统卢卡申科2015年5月12日视察中白巨石工业园五周年而发行纪念银币。纪念币的正面图案是白俄罗斯国徽，背面图案是中白两国国旗和中白巨石工业园的标识，并刻着“5.12”——习近平主席和卢卡申科总统视察园区的日期。

白俄罗斯是最早响应并参与“一带一路”倡议的国家之一，而中白工业园是中白两国之间最重要的经贸合作项目，同时也是“丝绸之路经济带”上的标志性项目。2014年6月9日，巨石工业园在白俄罗斯首都明斯克市郊奠基。那时园区没有一条路，没有供水、供电设施，也没有通讯设施。中白工业园正是由一幅蓝图起步，开始了从无到有的创业历史。如今，中白工业园已经成为一个涵盖机械设备、电子通信、新材料、新能源、生物医药、金融服务等领域在内的大规模、高新技术工业园区。截至2022年11月中旬，中白工业园共有99家入园企业，其中中资企业49家、白资企业31家、第三国资本企业19家，协议投资总额13.06亿美元。中白巨石工业园目前已经成为白俄罗斯的一张新名片，也是“一带一路”上的一颗璀璨明珠。

[1] 《中白工业园迈向高质量发展期》，国务院新闻办网站，2020年5月12日。

波　兰

全称“波兰共和国”。欧洲中部国家。北濒波罗的海，陆邻俄罗斯、立陶宛、白俄罗斯、乌克兰、斯洛伐克、捷克和德国。面积约31.27万平方千米。人口3756.2万（2022年），97%是波兰人，余为德意志人、乌克兰人、白俄罗斯人、犹太人等。官方语言为波兰语。90%居民信天主教。首都华沙。地势南高北低，四分之三地区为平原和低地，全境平均海拔仅173米。南部为丘陵，南部边境属西喀尔巴阡和苏台德山脉。河网稠密，主要河流有维斯瓦河、奥得河等。自西向东，自北而南，气候由温带海洋性向大陆性过渡。年降水量500～800毫米，山区可达1000毫米以上。森林覆盖率30.8%。矿藏以煤为主，南部上西里西亚煤田为欧洲最大煤田之一；硫黄和铜的储量居欧洲首位，琥珀储量居世界前列，还有钾盐、岩盐、铅、锌、天然气等矿。

2015年11月26日，中国国家主席习近平在北京人民大会堂会见来华出席第四次中国—中东欧国家领导人会晤的中东欧16国领导人。会见后，习近平和波兰总统杜达、塞尔维亚总理武契奇、捷克总理索博特卡、保加利亚总理博里索夫、斯洛伐克副总理瓦日尼见证了中国同五国分别签署政府间共同推进“一带一路”建设的谅解备忘录。

◇ 北京冬奥会波兰代表队纪念币

（正面）

（背面）

- 纪念币
- 面额：200兹罗提（Zloty，PLN）
- 2022年版
- 成色：含金量90%
- 直径：27毫米
- 重量：15.5克

（正面）

（背面）

- 纪念币
- 面额：10兹罗提
- 2022年版
- 成色：含银量92.5%
- 直径：32毫米
- 重量：14.14克

波兰国家银行于2022年1月20日发行了“北京冬奥会波兰代表队”纪念币。该套纪念币含金银币各1枚，金币面额为200兹罗提，最大发行量为1200枚。银币面额为10兹罗提，最大发行量为15000枚。其中金币的背面图案是滑雪运动员，正面是波兰鹰形国徽；银币的背面图案是短道速滑运动员，正面是天坛祈年殿及波兰国徽。天坛祈年殿是中国的“国家名片”之一，寄托了风调雨顺，国泰民安的美好心愿。

2016年6月，习近平主席在对波兰进行国事访问时，曾邀请波兰总统杜达参加2022年北京冬奥会开幕式。2022年杜达总统抵京参加冬奥会开幕式活动时表示，我一直记得习近平主席5年前对波兰进行国事访问时对我发出的“冬奥之约”，我很高兴能够克服困难如约来华，同中国人民共享北京冬奥会开幕式的盛大精彩，共迎北京成为世界上首个“双奥之城”的历史时刻。近年来，波中全面战略伙伴关系在各领域发展良好。感谢中方为波兰抗击新冠肺炎疫情提供医疗物资支持。波方高度重视对华经济合作，希望同中方扩大双边贸易投资合作。愿继续为推动中东欧国家—中国合作和欧中关系发展发挥积极作用。[1]

[1] 《习近平会见波兰总统杜达》，人民网，2022年2月7日。

冬日华沙

俄罗斯

全称“俄罗斯联邦”。欧洲东部和亚洲北部国家。北邻北冰洋，东濒太平洋，西南临黑海。陆疆西邻挪威、芬兰、爱沙尼亚、拉脱维亚、白俄罗斯、乌克兰，西南邻格鲁吉亚、阿塞拜疆，南邻哈萨克斯坦、蒙古、中国、朝鲜。另有一块飞地加里宁格勒州在波兰和立陶宛之间。总面积1709.82万平方千米，为世界上面积最大的国家。人口1.44亿（2022年），俄罗斯人约占77.7%，主要少数民族有鞑靼、乌克兰、楚瓦什、巴什基尔、白俄罗斯、莫尔多瓦等。官方语言为俄语。居民多信奉正教。首都莫斯科。近80%人口和大部分城市均在欧洲部分。全境地势东高西低，约70%为平原和丘陵。乌拉尔山脉以西是东欧平原，平均海拔170米，呈波状起伏；以东是西西伯利亚平原，地势低平，多沼泽。东部、东南部和南部山地盘亘，有大高加索山脉、萨彦—贝加尔山地、上扬斯克山脉和太平洋岸地区的山系等。最高峰为大高加索山的厄尔布鲁士山，海拔5642米。地处中高纬度，以亚寒带和温带大陆性气候为主，远东太平洋沿岸地区为温带季风气候。气温由南向北渐低，降水自西向东递减，气候的大陆性亦向东加强。从北到南跨有极地荒漠、苔原和森林苔原、森林、森林草原、草原、半荒漠和荒漠等自然带。从西向东有伏尔加河、鄂毕河、叶尼塞河、勒拿河及中俄界河阿穆尔河（黑龙江）等大河。主要湖泊有贝加尔湖、拉多加湖、奥涅加湖等。森林覆盖率约65.8%，以针叶林为主。矿产种类多，储量大。煤、石油、天然气、铁、铝、铜、铅、锌、镍、金、铀、石棉、磷灰石、钾盐、泥炭等储量居世界前列。

2015年5月8日，中国与俄罗斯在莫斯科发表《中华人民共和国与俄罗斯联邦关于丝绸之路经济带建设和欧亚经济联盟建设对接合作的联合声明》。

◇ 俄罗斯和中国建交70周年纪念币

（正面）

（背面）

（正面）

（背面）

- 纪念币
- 面额：50卢布（Russian Ruble，RUB）
- 2019年版
- 成色：含金量99.9%
- 直径：22.6毫米
- 重量：7.78克

- 纪念币
- 面额：3卢布
- 2019年版
- 成色：含银量92.5%
- 直径：39毫米
- 重量：31.1克

2019年6月3日，俄罗斯中央银行发行金银纪念币，纪念俄中建交70周年。其中纪念金币面额50卢布，发行量500枚。金币正面图案为俄罗斯国徽，背面图案左侧为克里姆林宫斯帕斯克塔楼，右侧为北京天安门城楼，中间为俄文“70周年”字样。纪念银币面额3卢布，发行量5000枚。银币正反面图案与金币基本一样，但背面边缘增加了一圈彩色的装饰环。

70年来，中俄关系在孜孜不倦的探索中前行。双方着眼时代发展潮流和两国人民根本利益，开创性建立“不结盟、不对抗、不针对第三方”的新型国家关系。进入21世纪，双方签署具有里程碑意义的《中俄睦邻友好合作条约》，将“世代友好、永不为敌”的理念以法律形式确定下来。在建交70周年的重要历史节点，习近平主席和普京总统共同宣布，将两国关系提升为“中俄新时代全面战略协作伙伴关系”。[1]

[1] 《新时代 新典范 新航程——写在中俄建交70周年之际》，中国政府网，2019年10月3日。

克罗地亚

全称“克罗地亚共和国”。欧洲中南部国家。位于巴尔干半岛西北部，西濒亚得里亚海。陆邻斯洛文尼亚、匈牙利、塞尔维亚、黑山、波斯尼亚和黑塞哥维那。面积5.66万平方千米。人口385.4万（2022年），90%以上为克罗地亚人，余为塞尔维亚人等。官方语言为克罗地亚语。居民多信天主教或正教。首都萨格勒布。西部韦莱比特山、迪纳拉山脉与海岸平行伸展，岸外布列1000多个大小岛屿，为典型的达尔马提亚海岸。内陆为萨瓦河河谷平原及其以东的斯拉沃尼亚丘陵。沿海属地中海式气候，内陆为温带大陆性气候。森林覆盖率40%。蕴藏石油、天然气、铝土等矿，富水力资源。

2017年5月14日至15日，中国在北京主办“一带一路”国际合作高峰论坛。高峰论坛期间及前夕，中国政府与克罗地亚等有关国家政府签署政府间“一带一路”合作谅解备忘录。

◇ 佩列沙茨大桥通车纪念币

（正面）

（背面）

- 纪念币
- 面额：25库纳（Kuna，HRK）
- 2022年版
- 成色：铜镍合金
- 直径：32毫米，为正十二边形
- 重量：12.75克

2022年，克罗地亚央行为纪念佩列沙茨大桥通车发行纪念币。纪念币的正面左侧是克罗地亚共和国国徽，右侧是面额“25库纳”字样；核心圈内是让人联想到克罗地亚国徽图案、两部分国土和道路的一笔绘成的两个正方形，貂，带有橡子的橡树树枝和月桂树树枝。纪念币背面图案是大桥雄姿。

佩列沙茨大桥是克罗地亚有史以来最重要的基础设施项目。长期以来克罗地亚一直希望缩短南北国土间通行时间，便利人流、物流畅通，促进本国经济社会发展和民生改善。大桥通车后，克罗地亚终于实现了连接南北国土的夙愿。

中国路桥工程有限责任公司牵头组建的企业联合体遵循市场原则，通过公开投标、公平竞争，成功中标该项目，将佩列沙茨大桥建设为中国在欧洲的示范项目，为克罗地亚绘就靓丽的名片。

2019年4月11日，李克强总理同普连科维奇总理在大桥建设现场共同按下主桥墩打桩机启动按钮。2022年7月26日，李克强总理以视频方式出席大桥通车仪式。该大桥建设经受住了风雨、疫情、地震等多重考验，攻坚克难、按期推进、竣工通车，大桥的建成和通车为两国和两国人民的友谊增添了新地标。[1]

大桥通车时，当地民众举办了一整天的庆祝活动，表达对即将到来的新生活的憧憬之情：数百名选手在桥面上竞相奔跑、悬挂着国旗的小型船只在桥下来回穿梭、夜间绚丽的烟花与桥上的灯火交相辉映……

[1] 《李克强出席克罗地亚佩列沙茨大桥通车仪式》，新华社，2022年7月27日。

罗马尼亚

欧洲东南部国家。位于巴尔干半岛东北部，东南临黑海。陆邻乌克兰、摩尔多瓦、匈牙利、塞尔维亚和保加利亚。面积23.84万平方千米。人口1896万（2022年），约88.6%为罗马尼亚人，余为匈牙利人、罗姆人（亦称“吉卜赛人”）等。官方语言为罗马尼亚语。居民多信奉正教。首都布加勒斯特。境内平原、丘陵、山地各约占三分之一。喀尔巴阡山脉呈半环形盘踞中部，摩尔多韦亚努峰海拔2543米，是全国最高峰。山脉以西为特兰西瓦尼亚高原，以东为摩尔多瓦丘陵；南部为瓦拉几亚平原；东南部为多布罗加丘陵。多瑙河下游流经南部边境和东南部。属温带大陆性气候，1月平均气温－5～0℃，7月20～23℃；年降水量600～800毫米，山区较多。森林覆盖率29%。富藏石油、天然气和岩盐矿，还有铝土、煤、铁、铜、铀等矿。

中国商务部2015年同罗马尼亚经济部签署《关于在两国经济联委会框架下推进“一带一路”建设的谅解备忘录》，罗马尼亚成为首批与中国签署类似协议的国家。

◇ 罗马尼亚和中国建交70周年纪念币

（正面）

（背面）

- 纪念币
- 面额：10列伊（Romanian Leu，RON）
- 2019年版
- 成色：含银量99.9%
- 直径：37毫米
- 重量：31.1克

2019年11月8日，罗马尼亚国家银行举行发行仪式，推出罗马尼亚和中国建交70周年纪念银币。该枚纪念币最大发行量仅500枚，是钱币收藏界难觅的珍品。纪念币正面图案为罗马尼亚布朗城堡及国徽，并刊国名、年号、面额，背面图案为中国长城及“罗马尼亚和中国建立外交关系1949”的字样。

仪式上，罗马尼亚国家银行行长穆古尔·伊瑟雷斯库发表讲话说：70年来，罗中两国关系在相互尊重、支持和友好的基础上持续发展。罗外交部全球事务总局局长拉杜·萨夫塔则表示，在当前国际形势日益复杂的背景下，罗马尼亚愿继续同中方在多边和双边事务中加强对话与协调，并积极参与欧亚互联互通战略、“一带一路”倡议和中国同中东欧国家合作。[1]

[1] 《铸币有形 情义无价——罗马尼亚国家银行发行中罗建交70周年纪念币》，中国商务部网站，2019年11月11日。

大洋洲

OCEANIA

◎萨摩亚

◎汤加

◎瓦努阿图

萨摩亚

全称“萨摩亚独立国”，旧称“西萨摩亚”。太平洋中南部岛国。位于萨摩亚群岛西部（南纬13°～15°、西经171°～173°之间）；以西经171°线同美属萨摩亚分界。由萨瓦伊、乌波卢2个大岛和7个小岛组成。陆地总面积2934平方千米，水域面积12万平方千米。人口22.2万（2022年），主要为萨摩亚人，属波利尼西亚人种，还有混血种人、欧洲人和华人等。约70%的人口居住在乌波卢岛。官方语言为萨摩亚语，通用英语。居民多信基督教新教。首都阿皮亚。各岛山峦起伏，多火山，萨瓦伊岛的最高峰西利西利山海拔1858米。属热带气候，虽近赤道，因四面环海，气候宜人。11月至次年4月为雨季，年降水量在2500毫米以上。森林覆盖率为46.3%。

萨摩亚是南太地区岛国中第一个与中国签署“一带一路”倡议合作谅解备忘录的国家。

◇ 第16届太平洋运动会纪念钞

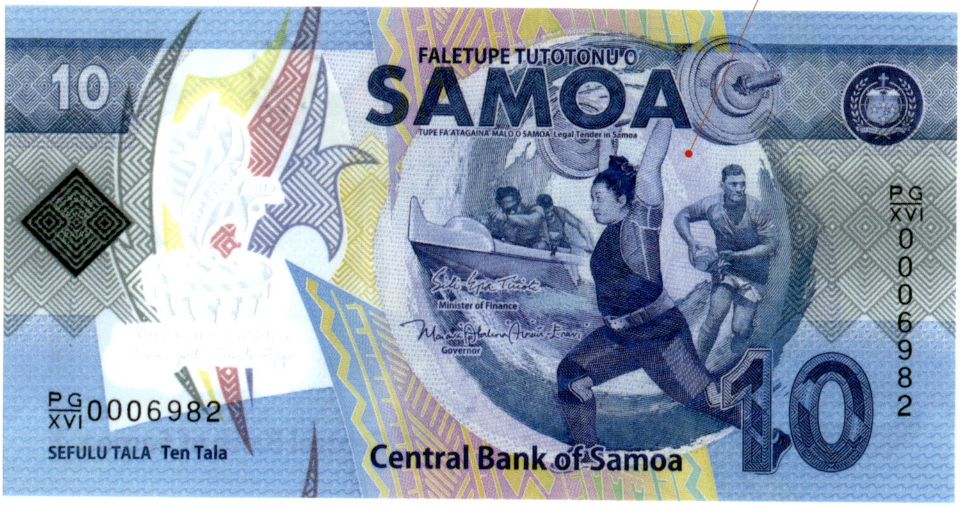

（正面）

- 纪念钞
- 面额：10塔拉（Tala，WST）
- 2019年版
- 尺寸：139毫米 ×72毫米

10
SEFULU TALA Ten Tala
Central Bank of Samoa
FALETUPE TUTOTONU O
SAMOA
10
One in Spirit | Tasi i le Agaga

（背面）

萨摩亚首都阿皮亚风光，最右侧的建筑是中国援建的政府办公大楼

2019年，萨摩亚中央银行发行有着诸多中国烙印的第16届太平洋运动会纪念钞。面额为10塔拉，正面为横向设计，图案是举重等运动项目，背面为竖向设计，图案是青少年在日常生活中对对应运动项目的模仿，象征孩子们的体育梦想。

2019年7月7日至20日，第16届太平洋运动会在萨摩亚首都阿皮亚举行。为加强与萨摩亚的人文交流，支持萨摩亚举办本届比赛，同时帮助萨摩亚提高体育运动水平、提升国际综合性及单项赛事运动成绩，备战太平洋运动会，中国政府主管部门决定实施“援萨摩亚2019年太平洋运动会体育技术援助项目”。2019年1月至7月间，萨方派遣运动队、厨师和团体操表演骨干人员赴华培训；中方派遣教练团队赴萨执教，派遣编导组赴萨协助萨方完成开闭幕式体操表演剧本编制和团体操演员培训工作，提供运动队训练和开闭幕式团体操表演配套物资并负责运至阿皮亚等。这是中萨在体育领域第一次全方位合作，成为完善和丰富“一带一路”倡议理念、构想和规划的重要组成部分。

此外，中国援建的体育场馆和水上运动中心成为田径、羽毛球、网球、乒乓球、无板篮球、篮球、排球和水上运动等赛事的主要场馆。中国援建的阿皮亚公园体育场成为运动会开闭幕仪式的主会场。萨摩亚在此次运动会上获奖牌榜第三名，创造历史最好成绩。

汤 加

全称“汤加王国”。太平洋西南部岛国。位于汤加群岛（亦称“友爱群岛”），即南纬15°～23°31′、西经173°～177°。由汤加塔布、哈派、瓦瓦乌三岛群170多个岛屿组成，仅36个岛有常住居民。面积747平方千米，水域面积25.9万平方千米。人口10.7万（2022年），汤加人占98%，属波利尼西亚人种。通用汤加语和英语。居民多信基督教新教。首都努库阿洛法。大部为珊瑚岛，地势低平。西列岛屿多火山岛，地势较高，其中考奥火山高1165米，为群岛最高点。热带海洋性气候，年降水量1400～2000毫米。

2018年11月16日，国家主席习近平在莫尔兹比港分别会见建交太平洋岛国领导人，同他们就双边关系和务实合作交换看法。在会见汤加首相波希瓦时，习近平主席欢迎汤方积极参与共建“一带一路”。希望双方深挖合作潜力，扩大贸易、投资、基础设施建设等领域合作，拓展人文、地方交流。波希瓦表示，汤加高度评价中国始终视汤加为平等伙伴，感谢中方宝贵帮助、特别是2018年8月“和平方舟号”医疗船访问汤加。汤方很高兴参加“一带一路”合作。

◇ 50潘加上的王宫

（正面）

（背面）

- 纸币
- 面额：50潘加（Pa'anga，TOP）
- 2015年版
- 尺寸：150毫米 ×70毫米

2015年，汤加国家储备银行发行50潘加纸币，纸币正面是现任国王图普六世的半身像。背面是汤加王宫的建筑图景。

汤加王宫建立于1867年，由乔治·图普一世修建。整座王宫面海而立，王宫的屋顶是红色的，整个建筑是白色的，楼高3层，楼前有绿色的草地，王宫掩映在苍翠的树林中，既端庄又恬静。

2010年1月，汤加国王图普五世联系了中国土木工程集团有限公司在汤加的CBD项目部，提出希望扩建王宫，以改善王宫办公和生活条件。项目部在仔细听取国王的意见后，在当年5月就开工实施王宫扩建工程，于2011年11月完成并移交。在项目部负责人陪同国王视察新王宫时，国王连连竖起大拇指夸奖致谢。王宫扩建工程完成后，中国政府应汤加要求和国家建设需要，又援建了政府综合办公楼，还派出了医疗专家和农业技术专家。

瓦努阿图

全称“瓦努阿图共和国”。太平洋西南岛国。位于南纬12°～21°、东经166°～171°之间的新赫布里底群岛。由最大岛圣埃斯皮里图和马拉库拉、埃法特、埃罗芒阿、坦纳等12个大岛和80多个小岛组成。陆地面积1.22万平方千米。人口32.7万（2022年），绝大部分是瓦努阿图人，属美拉尼西亚人种。官方语言为英语、法语和比斯拉马语。居民主要信奉基督教新教。首都维拉港。大部为火山岛，火山活动频繁。属热带海洋性气候，年降水量2300毫米以上。森林覆盖率36%。有锰、镍、铁、铜等矿藏。

2018年11月9日，中国驻瓦努阿图大使周海成与瓦总理萨尔维代表两国政府正式签署《中华人民共和国政府与瓦努阿图共和国政府关于共同推进丝绸之路经济带和21世纪海上丝绸之路建设的谅解备忘录》。

◇ 100瓦图上的议会大厦

（正面）

（背面）

- 硬币
- 面额：100瓦图（Vatu，VUV）
- 2015年版
- 成色：铝锌青铜
- 直径：23毫米
- 重量：6.8克

2015年，瓦努阿图储备银行发行了最新一套硬币，主要有5、10、20、50、100瓦图等面额。硬币正面印铸着瓦努阿图的国徽图案，即山、手执武器的美拉尼西亚勇士、猪牙、国家格言“上帝与我们共存”饰带等。100瓦图硬币背面是瓦努阿图议会大厦。

瓦努阿图议会大厦是中国对外经援项目之一，于1991年11月竣工。议会大厦采用了瓦努阿图传统的屋顶及脊檩形式，通体以橘红和白色为主色调，造型典雅古朴，深受瓦努阿图人民喜爱。这里不仅是议员们商讨和决定国家大事的地方，也成为维拉港市的一个地标性建筑和中瓦友谊的一个重要象征。学生可以自由进出议会大厦，并免费使用楼内的图书馆。在图书馆最醒目位置，还摆放着一尊由中国全国人大常委会捐赠的大座钟。瓦努阿图外长约坦·纳帕特曾表示：“我们的议会大厦就是中国送给瓦努阿图的礼物。”

瓦努阿图是太平洋岛国中最早加入“一带一路”倡议的国家之一。“一带一路”源自中国，但机会和成果属于世界，这一倡议为瓦努阿图带来了实实在在的好处。在瓦努阿图各地随处可见中国援建和合作工程，如议会大厦、国家体育场、马拉坡学校、塔纳—马勒库拉公路、彭特考斯特岛公路等，这些项目已成为瓦努阿图乃至太平洋岛国地区的标志性项目。[1]

[1] 《中国驻瓦努阿图大使：在这里，中国援建道路被称为“希望之路”》，环球网，2022年5月27日。

拉丁美洲

Latin America

◎圭亚那

◎牙买加

圭亚那

全称“圭亚那合作共和国”。南美洲北部国家。北临大西洋，东邻苏里南，西界委内瑞拉，南与西南毗连巴西。面积21.5万平方千米。人口80.9万（2022年），90%以上集中于北部沿海；印度裔占人口39.8%，黑人占29.3%，余为混血种人、印第安人。官方语言和通用语为英语。居民主要信印度教和基督教新教，其次是天主教和伊斯兰教。首都乔治敦。北部为沿海平原；中部为丘陵，富铝土矿；南部和西部属圭亚那高原。大部属热带雨林气候，年平均气温24～32℃，年降水量1500～2000毫米。河流多瀑布，富水力资源。森林覆盖率83%。

2018年7月27日，中国与圭亚那“一带一路”合作文件签署仪式在圭首都

乔治敦隆重举行。中国驻圭亚那大使崔建春与圭亚那外交部长格林尼奇分别代表两国政府签署了《中华人民共和国政府与圭亚那合作共和国政府关于共同推进丝绸之路经济带和21世纪海上丝绸之路建设的谅解备忘录》。

◇ 圭亚那和中国建交50周年纪念币

（正面）

（背面）

- 纪念币
- 面额：50元（Guyanese dollar，GYD）
- 2022年版
- 成色：铜镍合金（彩色）
- 直径：39毫米

圭亚那是英语加勒比地区第一个与中国建交的国家。2022年9月6日，圭亚那外交和国际合作部举办中圭建交50周年纪念币发行仪式，中国驻圭亚那大使郭海燕与圭外长托德、外秘佩尔绍德、央行行长甘加等出席仪式。由圭亚那央行发行的中圭建交50周年纪念币的正面为圭亚那国徽，背面为庆祝中圭建交50周年彩色标志。纪念币面额50圭元，限量2000枚。[1]

纪念币有价，而两国人民的友谊无价。就在中圭建交50周年之际的2022年6月底，由中国港湾工程有限责任公司承建的切迪·贾根国际机场扩建项目顺利移交。圭亚那从此拥有了第一座4E级国际机场，以及加勒比地区最长的机场跑道，具备了成为区域内航空枢纽的基本条件。

扩建项目完成后，机场跑道从1067米延长至3340米，新建停机坪约2.8万平方米，可容纳波音777、波音787等宽体客机；航站楼改、扩建约1.3万平方米，机场导航、消防、安检、行李传送、电梯、登机廊桥等配套设施也进一步完善。

机场扩建后，多家航空公司开通或增加了往返圭亚那首都乔治敦的航线，英国航空公司开通往返于英国和圭亚那的航班，每周两班。预计新航线的开通将使在英国生活和工作的3万多名圭亚那侨民受益。[2]

[1] 《驻圭亚那大使郭海燕出席中圭建交50周年纪念币发行仪式》，中国外交部网站，2022年9月7日。

[2] 《“与中国企业一起建设圭亚那”》，人民网，2023年2月16日。

牙买加

西印度群岛中岛国。位于加勒比海北部牙买加岛上，邻近古巴和海地。面积10991平方千米。人口282.7万（2022年），黑人和黑白混血种人占90%以上，余为印度裔、英国裔和西班牙裔移民及少量亚洲移民。官方语言为英语。居民多信基督教新教，余信传统宗教。首都金斯敦。境内多山岭、石灰岩高原，并多伏流河和泉水，沿海有狭小平原。热带海洋性气候，向风坡年降水量2500毫米以上，南部平原1000毫米左右。森林覆盖率31%。有铝土、铁、锰等矿藏。

2019年4月11日，中国驻牙买加大使田琦与牙买加外交外贸部部长约翰逊－史密斯代表两国政府，在牙买加首都金斯敦签署《中华人民共和国政府与牙买加政府关于共同推进丝绸之路经济带和21世纪海上丝绸之路建设的谅解备忘录》。

◇ 5000元上的南北高速公路

（正面）

- 纸币
- 面额：5000元（Jamaican Dollar，JMD）
- 2022年版
- 尺寸：145毫米 ×68毫米

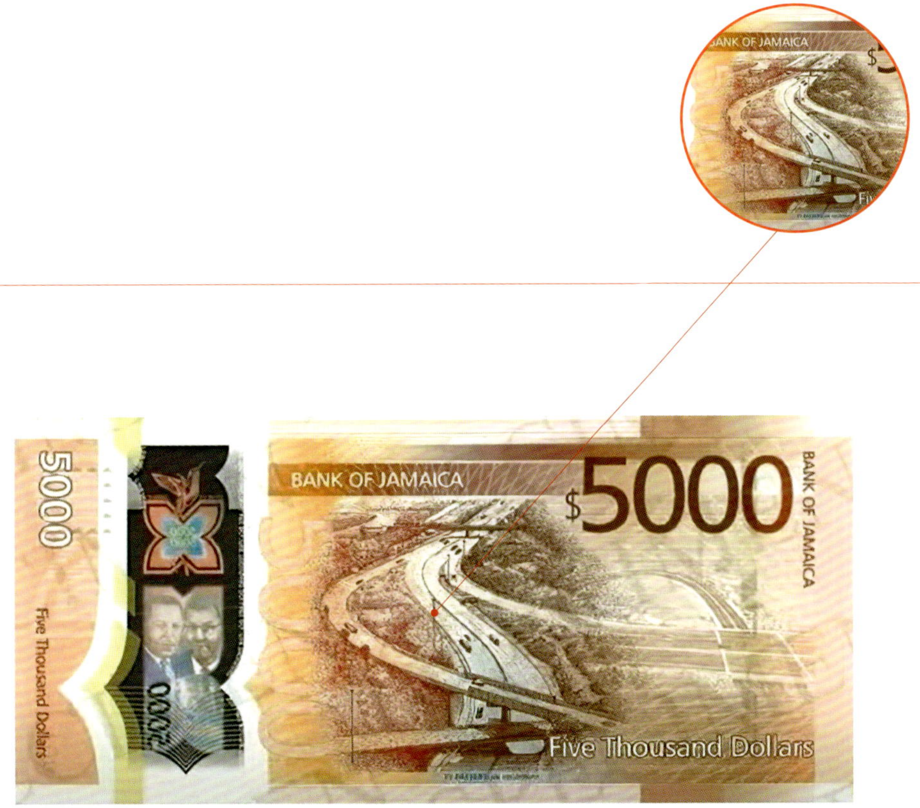

（背面）

2022年牙买加发行新版纸币，其中最大面额的5000元纸币正面印着两位前总理唐纳德·桑斯特和休·希勒的肖像。纸币背面图案是牙买加“最美高速”——南北高速公路，它在中牙务实合作中具有里程碑意义，是中牙共建“一带一路”的成果。

长期以来，牙买加人民期望建设一条穿越南北的高速公路，使首都金斯敦与旅游城市奥乔里奥斯之间实现快速通达。这条公路还被纳入了国家基础设施建设和振兴经济发展的长期规划。

但是20世纪末这个项目启动后，原投资建设的欧洲某公司开工不久就遇到长达数公里的滑坡地质段，受施工技术能力限制和工程预算的制约，该公司丢弃项目，一走了之，使项目变成“半拉子”工程。

2012年，中国交通建设股份有限公司下属中国港湾工程有限责任公司接下了这个“烫手山芋”，以BOT（建设—经营—转让）形式，全额投资南北高速公路项目。

2016年2月4日，在牙买加南北高速公路安吉斯至林斯特德段通车典礼上，牙买加总理辛普森·米勒为道路开通剪彩。她表示，南北高速公路项目是中牙两国友谊的见证，感谢中国政府和人民为牙买加社会经济发展作出的贡献。该工程是牙买加历史上最大规模的基础建设项目，为牙买加直接创造2000个服务型岗位，并且带动牙买加旅游、住房、酒店、商业等相关产业的发展。[1]

[1]《中交承建牙买加南北高速公路项目安吉斯至林斯特德段通车》，国务院国有资产监督管理委员会网站，2016年2月18日。

后　记

2019年11月，北京西城区第一文化馆举办“红色货币南北情　革命文物初心谱”——当代中国著名钱币学家余榴梁先生集藏中国革命根据地红色钱币暨人民币珍稀品鉴赏展览。

我有幸在展览期间数次聆听他释读钱币上的红色基因。他当时正在上海商贸旅游学校博物馆课程中心筹办“一带一路”钱币工作室，我们在探讨中发现世界钱币上出现越来越多的中国印记。他说，绵亘万里的古丝绸之路上发现了大量中国古钱，今天响应“一带一路”高质量共建，各国以货币见证文明互鉴，是有源可溯的。他后来赠我数十枚外国古钱币，钱币上都铸有汉文且有据可考。这些古钱币展现了商贸互通、民心相融的世界文明史微缩画卷。

他坦言：外国钱币上铸刻的中国印记，有不同民族、不同地域、不同意识形态的特色，体现了各自探寻现代化之路的获得感。

他还找出一枚30多年前外交部集币协会在上海举办的“万国铸币展”的门票赠我，意味深长地说：改革开放之初，国人初识外国钱币五光十色，看似热闹，如今世界货币上的中国印记专题更需要深研。

他去泰国旅游时，专门去当地银行兑换印有拉玛八世大桥的20泰铢流通纸币，嘱我更替手中折皱的旧物。他说，积少成多，先易后难，先从眼前的“一带一路”共建国家的货币入手。

这几年，华东师范大学、东华大学、上海出版印刷高等专科学校、上海师范大学等多所学校勤工俭学中心的学子助我全球“找钱”，遍网搜图，于角落掘证据；香港大学学生张玮婷二度来上海勤工俭学时，专门助我在世界各大通讯社、各大出版机构的“官方发布”搜寻“老外”对“一带一路”地标项目的报道，并用翻译工具与我同屏共考据；《组织人事报》的编辑吴悦帮我找到数十幅高清卫星照片，它们提示：这些近年新出现的跨海大桥、港区新城、沙漠绿洲、清洁能源……都是中国人的作品。

上海图书馆文献服务部的周晨瑶主任、江西国际经济技术合作有限公司、广东省档案馆、南通市档案馆、老挝驻上海总领事馆、圭亚那驻中国大使馆都应我请求，及时提供很有价值的货币线索。

上海人民出版社编辑张晓玲是最早主张挖掘货币里的中国故事、提出创意策划的人，她的这个想法与匈牙利国家博物馆驻中国总代表贝思文先生不谋而合。张编辑说，“一带一路”国家的货币是扇小窗口，站在窗里看窗外，可以透视百年未有之世界大变局中的微观现象；贝先生说，这些货币是几十个国家的“老外”自己讲的中国故事，他相信今后还会有更多的精彩故事。他们都认为“一带一路”共建国家货币的故事，是地球村美美与共祈望的具象体现，是人类文明的崭新形态。

我的外语知识极浅薄，虽然在黑龙江农村度过了九年知青生活后得以返沪重回学堂，又有家人长期无怨支撑我以有限的财力自由收藏，但仅认识一点点外语字词是无法认识和了解世界货币的。对于本书的出版，我还要感谢上海人民出版社党委书记、社长温泽远，副总编曹培雷，责任编辑张晓婷以严苛的审视态度重锤敲打、反复研磨；感谢姜建清、赵宽、王玉柱、杨俊、杨子耘、张岚、尤玮、叶天蔚、童丽、曹海炯、林晓盈、黄一庆、刘哲、徐强等各界专家学者的悉心指教。没有这些人的帮助，就不会有本书的问世。

我心里依然忐忑不安，恐怕难免挂一漏万。恳请读者给予指正。

鞠躬！

杜晓建

2023年6月

图书在版编目(CIP)数据

外国货币上的"一带一路"/杜晓建编著.—上海：
上海人民出版社，2023
ISBN 978-7-208-18346-9

Ⅰ.①外… Ⅱ.①杜… Ⅲ.①货币-世界-图录②中
华文化-图录 Ⅳ.①F821-64②K203-64

中国国家版本馆CIP数据核字(2023)第100378号

责任编辑 张晓玲 张晓婷
封面设计 苗庆东

外国货币上的"一带一路"
杜晓建 编著

出 版 上海人民出版社
(201101 上海市闵行区号景路159弄C座)
发 行 上海人民出版社发行中心
印 刷 上海雅昌艺术印刷有限公司
开 本 720×1000 1/16
印 张 19.5
插 页 4
字 数 80,000
版 次 2023年8月第1版
印 次 2023年8月第1次印刷
ISBN 978-7-208-18346-9/F·2817
定 价 128.00元